NATIONALPARK HAINICH
Laubwaldpracht im Herzen Deutschlands

SIEGFRIED KLAUS UND THOMAS STEPHAN

unter Mitarbeit von
RÜDIGER BIEHL, CAROLIN KROPIK UND EDGAR REISINGER

Mit Unterstützung
durch die Europäische Union, das Thüringer Ministerium für Landwirtschaft,
Naturschutz und Umwelt und die Thüringer Landesanstalt für Umwelt Jena

Life

THÜRINGER MINISTERIUM
FÜR LANDWIRTSCHAFT,
NATURSCHUTZ UND UMWELT

THÜRINGER
LANDESANSTALT FÜR
UMWELT

RHINOVERLAG
Arnstadt & Weimar

Inhalt

Inhalt

Vorwort

Je mehr der Mensch in den Naturhaushalt eingreift und dabei gewohnte Landschaftsbilder wie Lebensräume oft unwiederbringlich verändert und je deutlicher die Gefährdung der natürlichen Artenvielfalt offenbar wird, um so nachdrücklicher erkennen wir die eigene Betroffenheit unserer Lebensgrundlagen. Weltweit entwickelten sich Bewußtsein und Bereitschaft, unser Naturerbe zu bewahren. Das Übereinkommen über die biologische Vielfalt, das 1992 im Rahmen der Konferenz der Vereinten Nationen für Umwelt und Entwicklung in Rio de Janeiro geschlossen wurde, ist ein Meilenstein dieses Prozesses.

Vor diesem Hintergrund gilt es, nicht nur Forderungen nach dem Schutz der Tropenwälder zu erheben. Auch unser Naturerbe bedarf des wirksamen Schutzes. Hier in Thüringen, mitten in Deutschland, können und wollen wir eines der großen, zusammenhängenden naturnahen Waldgebiete, ein Stück des „typisch deutschen Waldes", erhalten und seine natürliche Entwicklung schützen. Im Hainich bestehen dafür gute Chancen. Am Rande des militärischen Übungsbetriebes blieben Lebensräume erhalten oder entstanden neu, die nach dem Urteil der Fachleute europäische Bedeutung besitzen. Dazu gehören die ausgedehnten Laubwaldsukzessionsflächen auf dem ehemaligen Truppenübungsplatz Kindel und die prachtvollen, lange Zeit nur extensiv genutzten Laubmischwaldbestände auf dem ehemaligen Truppenübungsplatz Weberstedt. Direkt mit der Ausweisung des Nationalparks wurden daher 2100 ha dieses Waldes in der Schutzzone I der natürlichen Entwicklung überlassen. In den Waldflächen, die von der Bundesforstverwaltung noch bewirtschaftet werden, müssen die forstlichen Maßnahmen den Schutzzielen des Nationalparks dienen. Naturnahe Wälder zu erhalten und andere Waldflächen zu naturnahen Beständen zu entwickeln, ist dabei die Leitlinie waldbaulichen Handelns. Bedeutsam ist der Hainich aber auch wegen der naturnah bewirtschafteten Plenterwälder in seinem mittleren und nördlichen Teil.

Thüringen ist sich der natürlichen Pracht der Laubmischwälder des Hainichs und der Vielfalt seiner Pflanzen- und Tierwelt bewußt. Wir haben in den letzten fünf Jahren eine lebhafte und im Ergebnis erfolgreiche Diskussion um die Schaffung eines Laubwaldnationalparks in der Hainichregion geführt, die auch deutschlandweit und darüber hinaus beachtet wurde. Bereits im Herbst 1995 legte das Thüringer Ministerium für Landwirtschaft, Naturschutz und Umwelt einen ersten Vorschlag für einen Nationalpark Hainich vor. 1996 billigte die Thüringer Landesregierung das „Integrierte Schutzkonzept für den Hainich". Der darin gefundene Kompromiß verbindet den Schutz des einmaligen Naturerbes in einem Nationalpark mit der naturnahen Waldnutzung in den Plenterwäldern der Laubgenossenschaften.

Vollzogen wurde die Errichtung des Nationalparks Hainich schließlich durch den Beschluß des Thüringer Landtages zum „Thüringer Gesetz über den Nationalpark Hainich" vom 10. Dezember 1997 und durch Verkündung im Gesetz- und Verordnungsblatt am 30. Dezember 1997.

In nur fünf Jahren – seit der ersten Idee bis zu ihrer Realisierung – wurde der 13. Nationalpark Deutschlands und der erste Nationalpark Thüringens Realität. Er bietet dem Besucher keine spektakulären Berggipfel mit Fernblick, Felsabstürze, Flußlandschaften, Schluchten oder Wasserfälle, wie man sie in anderen Nationalparken finden kann. Das Besondere am Nationalpark Hainich ist eher etwas Normales – der typische deutsche Wald, geprägt von Rotbuchen, Eichen und vielen anderen Pflanzen- und Tierarten, unter denen z. B. die Wildkatze besondere Erwähnung verdient. Gerade aus diesem Grunde ist dieser Nationalpark im Ensemble der deutschen Schutzgebiete bedeutsam. So schließt der Schutz des Hainichs eine bestehende Lücke im deutschen und europäischen Schutzgebietsnetz.

Das vorliegende Buch wirbt in Wort und Bild für Verständnis und Schutz der Naturschönheiten unserer Waldlandschaft im Hainich. Die einzigartigen Naturdokumente des Fotografen Thomas Stephan haben bereits in früheren Publikationen dazu beigetragen, den Hainich weit über Thüringens Grenzen hinaus bekannt zu machen. Die fachkundigen Textautoren, Mitarbeiter der Thüringer Landesanstalt für Umwelt und des früheren „Informationszentrums Hainich“, das in der inzwischen berufenen Nationalparkverwaltung aufging, wirken seit der ersten Stunde an der Entwicklung und Begleitung dieses Schutzgebietes mit. Ich danke den Autoren für ihr Engagement und hoffe, daß dieser Bildband viele Freunde findet – sowohl unter den Besuchern von nah und fern als auch unter den Menschen der Hainichregion, die ein besonders inniges Verhältnis zu ihrem Wald entwickelt haben. Wenn die beiden wichtigsten Nationalparkanliegen, der Schutz natürlicher Entwicklungsvorgänge vor Eingriffen des Menschen und die Bewahrung der Artenvielfalt – auch mit all den oft unsichtbaren Kleinstlebewesen – , künftig besser verstanden werden, wäre ein wichtiges Ziel erreicht!

Zum Schutzzweck gehört jedoch auch, daß der Nationalpark der Entwicklung und Verbesserung der Lebens- und Arbeitsbedingungen der im Umfeld lebenden Menschen dienen soll. Die Zielsetzung muß daher lauten: Ein Nationalpark Hainich zum bestmöglichen Schutz der Natur und zum Dienste an den Menschen der Hainichregion!

Dr. Volker Sklenar
Thüringer Minister für Landwirtschaft,
Naturschutz und Umwelt

Zum Geleit

Das nationale Naturerbe angemessen zu schützen, hat in Deutschland keine Tradition. Das Wort NATURERBE kommt in Lexika nicht vor. Seit Jahrhunderten sind wir Deutschen durch Kulturlandschaften und Kulturerbe geprägt. Erst langsam beginnt sich dieser Blickwinkel zu erweitern. Ein Meilenstein auf dem Weg war im europäischen Naturschutzjahr 1970 die Gründung des ersten deutschen Nationalparks im Bayerischen Wald. Inzwischen sind weitere 13 Nationalparke hinzugekommen. Seit dem Jahreswechsel 1997/98 existiert in Thüringen der Nationalpark Hainich.

1872 wurde in den Vereinigten Staaten von Amerika, im Yellowstone-Gebiet, der erste Nationalpark gegründet. Seither entstanden weltweit mehr als 2.000 Nationalparke. Ihr Ziel ist der konsequente Schutz großräumiger natürlicher oder naturnaher Landschaften für alle Zeiten. Dieses Ziel bedeutet, daß jegliche Nutzung der natürlichen Ressourcen, wie Land- und Forstwirtschaft, Jagd oder Fischerei, zu unterbleiben hat, damit die natürliche, ungestörte Entwicklung der Lebensgemeinschaften, entsprechend den ihnen innewohnenden Gesetzen, sichergestellt wird. Geschieht dies nicht, tragen Nationalparke ihren Namen zu unrecht. Der wichtigste Unterschied zu großräumigen Naturreservaten liegt darin, daß Nationalparke ausdrücklich naturliebenden Menschen zum Naturerleben, zur Begegnung mit ursprünglicher Natur erschlossen werden sollen, allerdings nur soweit der Schutzzweck es erlaubt.

Im Schatten des „eisernen Vorhangs“ blieb unweit der einstigen innerdeutschen Grenze über Jahrzehnte im Hainich ein charakteristisches Laubwaldgebiet in seiner Substanz erhalten und von forstlicher Nutzung weitgehend verschont. Der Status eines Truppenübungsplatzes führte zwar lokal zu massiven Eingriffen, aber auch zu Ruhe und Abgeschiedenheit während der meisten Zeit. Die natürliche Vielfalt blieb erhalten.

Als Vorsitzender der Föderation der Natur- und Nationalparke Europas, Sektion Deutschland e.V., habe ich das Ringen um die Ausweisung des Nationalparks Hainich, der als erster Laubwaldnationalpark eine im Ensemble der deutschen Großschutzgebiete schon lange bestehende Lücke schließt, von Anfang an miterlebt und aktiv begleitet. Heute sind die Empfindungen zwiespältig. Freude auf der einen Seite darüber, daß Thüringen den Nationalpark Hainich geschaffen hat, Trauer über die Situation im Hainich, die von boden- und waldzerstörenden Eingriffen der Bundesforstverwaltung geprägt ist, die als Eigentümer dort immer noch das Sagen hat. Auch wenn in Deutschland die Bundesländer für den Naturschutz zuständig sind, für die Erhaltung des nationalen Naturerbes in einer gesamteuropäischen Verantwortung ist auch die Bundesregierung, noch dazu auf Flächen in ihrem Eigentum, uneingeschränkt verantwortlich.

So bleibt zu hoffen, daß dieses Buch, das die wunderbare Schönheit der Wälder im Hainich mit ihrer artenreichen Pflanzen- und Tierwelt sichtbar werden, aber auch ihre Verletzlichkeit ahnen läßt, dazu beiträgt, den Nationalpark Hainich doch noch zu einem Schmuckstück in der Perlenkette deutscher Naturlandschaften werden zu lassen. Den Autoren – von Anfang an engagierte Streiter in vordersten Linien für diesen ersten deutschen Laubwaldnationalpark – Dank und Anerkennung für diesen wichtigen Beitrag zur Entwicklung des Hainichs zu einem Nationalpark internationaler Qualität.

Hans Bibelriether

Dr. Hans Bibelriether
Präsident der Föderation EUROPARC

„Was Wald wirklich ist, wurde mir aber erst im Urwald voll bewußt."
Hans Leibundgut

Ein Wort zu Beginn

Im Westen von Thüringen, zwischen Mühlhausen im Nordosten, Bad Langensalza im Osten, Eisenach im Südwesten und dem alten Werrastädtchen Creuzburg im Westen befindet sich mit dem Hainich ein ausgedehntes, von Siedlungen und Verkehrswegen fast unzerschnittenes Laubwaldgebiet, das zu den wertvollsten in Deutschland zählt. Als zwischen 1993 und 1995 die ersten Veröffentlichungen der Thüringer Landesanstalt für Umwelt über die Vielfalt der Naturausstattung des Hainichs, des „vergessenen Waldgebietes mitten in Deutschland", erschienen, war das für die Fachwelt eine Überraschung, denn der Hainich war fast unbekannt.

Genau 100 Jahre zuvor hatte Guthbier 1894 als Beitrag zur Heimatkunde ein in Langensalza erschienenes Heftchen über den Hainich herausgegeben, das aber nur lokale Verbreitung fand und längst vergriffen war. Selbst den meisten Thüringern war der „Hainich" kein Begriff. Das ist nicht verwunderlich, wenn man bedenkt, daß zu DDR-Zeiten Teile des westlich angrenzenden Werratals als Grenzgebiet nach Hessen nicht öffentlich zugänglich waren und dadurch auch der Hainich touristisch unerschlossen blieb. Für Besucher völlig gesperrt war der südliche Teil des Laubwaldgebietes mit den ehemaligen Truppenübungsplätzen Kindel und Weberstedt auf rund 8.000 ha Fläche. Die Unbekanntheit hat aber auch längere Tradition: So wird in Meyers Reiseführer „Thüringen", der 1902 bereits in 16. Auflage erschien, der Hainich mit keiner Silbe erwähnt. Dies hat sich inzwischen grundlegend geändert, seit zum Jahreswechsel 1997/98 der erste Laubwald-Nationalpark Deutschlands entstand.

Dieser erste Bildband über den Hainich möchte für den noch jungen Nationalpark und seinen Schutz werben und gleichzeitig zu einem Besuch anregen. Dabei will er mehr sein als nur ein Bilderbuch. Dem Leser sollen zuerst die Schönheiten und Naturreichtümer in einem geschlossenem Bildteil nahegebracht werden. Fotos und Bildunterschriften zeigen im Überblick die Schönheit des Waldes, seine Tiere und Pflanzen. Oft verbergen sich diese im Dämmerlicht unter den Baumkronen. Ein Lichtstrahl läßt einen Keimling, eine Orchidee, einen Baumpilz aufleuchten, und der Fotograf hat die einzigartige Stimmung dieses Laubwaldes mit der Kamera für uns eingefangen. Die hier gezeigten Naturdokumente wollen den Wanderer dazu anregen, auch Kleinigkeiten am Rande des Weges, am Waldboden oder am Stamm einer morschen Buche wahrzunehmen, den Hainich zu erleben. Bildhaft ist ein Jahreszyklus im Hainich dargestellt, beginnend mit dem Austreiben der Laubbäume und der Pracht der zahlreichen Frühlingsblüher und wieder im Frühling endend. Thomas Stephan hat dazu in mehreren Jahren viele Wochen zu allen Jahreszeiten im Hainich verbracht, und die Bilder beweisen es wohl am besten, daß er sich in den Hainich „verliebt" hat.

Wer durch die Fotos neugierig geworden ist, kann sich durch die Texte im zweiten Teil etwas tiefer in die Geheimnisse dieses Schutzgebiets einführen lassen. Wie entstand der Nationalpark Hainich? Warum sind sommergrüne Laubwälder weltweit bedroht? Weshalb sind tote Bäume für einen Wald so wichtig? Was ist das Besondere an den Plenterwäldern nördlich des Nationalparks? Diese und viele andere Fragen werden berührt. Ausschnitte aus der Vielfalt der Pflanzen und Tiere werden in Exkursionstips vorgestellt, und einzelne Wandervorschläge mit Hinweisen auf Kultur und Geschichte der Hainichregion runden den Textteil ab.

Der Anhang enthält eine Kurzbiografie des Nationalparks und erläutert seine Ziele. Im Glossar werden Fachbegriffe erklärt. Hinweise auf weiterführende Literatur und Listen der im Text genannten Pflanzen und Tiere findet der Leser am Schluß. Nun wünschen wir dem Besucher des Nationalparks Hainich frohes Wandern und reiche Erlebnisse im Laubwald!

Jena, Munderkingen, Bad Langensalza
August 1998

Die Autoren

DER NATIONALPARK HAINICH IM JAHRESLAUF

Alte und junge Baumgeneration: 800 Jahre trennen das Naturdenkmal „Betteleiche", den wohl bekanntesten Baumveteranen des Nationalparks, und den Eichenschößling.

Neben absterbenden Baumriesen entsteht neues Leben.

Die Spitzahornknospen brechen auf.

Wie in einen grünen Schleier eingehüllt erscheint der Buchenmischwald im Laubaustrieb.

Die Rotbuchenblätter entfalten sich.

Erlen haben die wassergefüllte Senke erobert. Inmitten des Waldes hat sich hier eine eigene Lebensgemeinschaft eingestellt.

Der männliche Kammolch imponiert zur Paarungszeit mit seinem urzeitlich anmutenden Kamm.

Die Frühe Adonislibelle ist nach dem Verlassen des Wassers gerade aus der Larvenhaut geschlüpft.

Auf feuchten Laubmoosen ist die Riemenschnecke zu finden.

Die Kleingewässer auf dem Kindel sind durch den militärischen Übungsbetrieb entstanden.

Ein idealer Lebensraum für die Gelbbauchunke

Der Laubfrosch reißt sein Maul auf, um die alte Haut abstreifen zu können. Nicht selten wird sie anschließend verzehrt.

Grasfroschpärchen im Hochzeitstaumel

Der Kindel aus der Vogelperspektive

Ein Mosaik aus trockenen und feuchten Lebensräumen

Natürliche Wiederbewaldung – Landschaft im Wandel.

Einst durch Menschenhand geschaffene Freiflächen entwickeln sich allmählich zu einem Naturwald.

Schmuck für den Waldrand: Vogelkirsche und Spitzahorn blühen gemeinsam.

Reich gedeckter Tisch für Pollensammler

Gemeine Löcherbiene: Viele unserer heimischen Wildbienenarten benötigen die verlassenen Bohrgänge von Holzkäfern, um darin ihre Brutkammern anzulegen.

Die blattgrünfreie Schuppenwurz ist ein Schmarotzer. Für ihre Energieversorgung zapft sie die Wurzeln der Laubbäume an.

Der Waldlaubsänger schaut aus seinem Kugelnest.

Im Mai verwandelt der Bärlauch den Waldboden in ein weißes Blütenmeer.

Weiße Sterne mit Zwiebelduft – blühender Bärlauch.

Birkhahn – Kleinod im offenen Buschland des Kindels. Sein „Kullern" ist im April und Mai zu hören.

Brütende Waldschnepfe – im Nationalpark verbreitet, aber nur selten zu sehen.

Grauspecht-männchen an der Bruthöhle

Das Braunkehlchen liebt die hochstauden-reiche, offene Landschaft.

Der Marmorierte Rosenkäfer entwickelt sich im Mulm alter Laubbäume.

Ein Paradies für Tagfalter – das offene Land des Kindels: Der seltene Quendelbläuling nascht an den Blüten des Gemeinen Thymians.

Die Raupe des Thymianwidderchens nutzt die gleiche Pflanze.

Faszination der Orchideen – Vielfalt an Blütenformen und -farben: Großes Zweiblatt

An feuchten Stellen blüht Ende Mai das Breitblättrige Knabenkraut.

Das Blasse Knabenkraut gehört zu den frühesten Blühern unter den Orchideen.

Fuchssches Knabenkraut

Grünliche Waldhyazinthe

Inmitten des dichten Kronendaches gibt ein Erdfall den Blick zum Waldboden frei.

Der seltene Schlucht-waldlaufkäfer ist eine Charakterart des Hainichs.

Geheimnisvoll erscheint der Wald im Morgennebel.

Zu den typischen Bewohnern der Streuschicht gehören die räuberisch lebenden Laufkäfer und ihre Larven.

Neues Leben aus den Ruinen: Rund ein Drittel aller heimischen Käferarten ist auf Holz als Lebensstätte und Nahrungsquelle angewiesen.

Sägebock: Seine Larve lebt im zerfallenden Holz.

Zusammenbrechende Baumriesen: Selten gewordener Lebensraum – imposant und geheimnisvoll.

Die gestürzten toten Stämme werden von zahlreichen Organismen genutzt und zu Humus verwandelt.

Türkenbundlilie – eine Schönheit unter dichten Baumkronen.

In der ersten Junihälfte zeigen sich die jungen Schwarzspechte am Höhleneingang. Bald werden sie flügge.

Fledermäuse – lautlose Jäger am Nachthimmel: Ein Braunes Langohr jagt einen Nachtfalter.

Bechstein-Fledermaus in der Höhle einer Eiche

Vier Blätter und eine Beere – die Einbeere.

Die blauen Glocken der Akelei läuten den Sommer ein.

Die Waldeidechse sucht die Sonne.

Die uralte Eiche läßt ahnen, welche Bäume früher auf dem Kindel gestanden haben mögen.

Neuntöter-Männchen

Lindenschwärmer

Bewohner des Waldrandes: Waldohreule

Die Haselmaus geht nachts auf Nahrungssuche.

Im heimlichsten Winkel des National-parks nistet der scheue Schwarz-storch.

Am Bau überrascht – Dachspärchen.

Wie Edelsteine im Waldesdunkel leuchten die Früchte des Gefleckten Aronstabes.

Bis zum Horizont dehnt sich das bunte Meer der Baumkronen.

Smaragdgrüne Moose haben die tote Bergulme besiedelt.

Für jede Baumart hält der Herbst eine Farbe bereit.

Das Blatt einer Hainbuche, verziert von den Fraßgängen einer Insektenlarve.

Fast ein Urwald – tote und krumme Bäume sind das auffälligste Urwaldmerkmal.

Juwelen auf totem Holz: Grünspanbecherlinge

Zwillingseschen – hier wurden die Stockaustriebe im früheren Mittelwald nicht vereinzelt.

Helmlinge sprießen aus dem toten Stamm.

Eng beieinander – Rotbuche, Esche und Bergulme (v. l. n. r.)

Die Geweihförmige Holzkeule entfaltet ihre bizzarren Fruchtkörper.

Natürliche Waldverjüngung: Buchen- und Ahornschößlinge wachsen im Schutz einer abgebrochenen Buche empor.

Bewohner alter Laubwälder – der Buchenstachelbart.

Herbstpracht im Weberstedter Holz

Der Zunderschwamm mit seinen auffälligen Fruchtkörpern hat von der alten Buche Besitz ergriffen.

Geheimnisvoller Hainichwald: Urige Eschen im Nebel.

Auf einem verrottenden Wildkirschenstamm gedeiht der Grünlichgelbe Nabeling.

Pilze und Moose hüllen den Buchenstamm ein.

Leckerbissen für den Kernbeißer: der Fruchtstand einer Hainbuche.

Symphonie in Orange und Rot – Herbstfärbung der Wildkirschenblätter.

Aufgegebene Streuobstwiese – Lebensraum für Wendehals und Kleinspecht.

Hagebutten, die Früchte der Heckenrose, glühen im Morgenlicht.

Der Stieglitz erntet die Samen der Wollkopf-Kratzdistel.

*Betteleiche
im November*

Graziler Fremdling: Damwild wurde in den siebziger Jahren ausgesetzt.

Raubwürger – in der Buschlandschaft des Kindels fühlt er sich wohl.

Finale des Laubfalls: ein Bergahornblatt.

Kraniche über den kahlen Wipfeln

Novemberregen

Vergänglicher Zauber

Im Rauhreif erstarrt – Winterstimmung im Nationalpark.

Winterlandschaft bei Craula

Tief verschneit – das Weberstedter Holz.

Baumwurzeln, vom Wasser freigelegt

Alter Grenzstein am Kronenberg

Betteleiche im Winter

Uhu – heimlicher Brüter in den Felshängen des Werratales.

Winter am Zimmerberg

Das Hermelin – im Sommer braun, im Winter weiß gefärbt – nutzt alte Lesesteinwälle und Hecken als Versteck.

Heckenlandschaft bei Kammerforst

Von Spechten bearbeitete Hainbuche

Neues Leben aus altem Stock: Austrieb einer Esche.

Moospolster im Spätwinter

Bald öffnen sich die duftenden Blüten des Seidelbastes.

Märzenbecher und Hohe Schlüsselblume eröffnen den Reigen der Frühblüher.

Eine Laune der Natur: Später Schnee deckt die Blüten für kurze Zeit zu.

Nur sehr kurzzeitig gibt es Wasser im Überfluß. Während der Schneeschmelze füllen sich Bäche und Senken.

Spechte haben die alte Erle bearbeitet.

Buschwindröschen erblühen über dem Fallaub.

Mit den ersten warmen Sonnenstrahlen erscheint das zarte Grün der Bärlauchblätter.

Zunderschwamm und Moose leben auf der zerfallenden Buche.

Seltener Anblick: Eine Wildkatze sonnt sich nach einem Aprilregen in der Astgabel einer himmelhohen Esche.

Hoch in der Gabel einer alten Buche zieht der Kolkrabe seine Jungen auf.

Der Kleinspecht verrät sich durch sein schnelles, hohes Trommeln.

Blütenteppiche überziehen den Waldboden – Hohler Lerchensporn.

Bunte Mischung der Arten: Buschwindröschen und Gelbe Anemone, Einbeere und junge Laubbäume

Blütenstand des Aronstabes

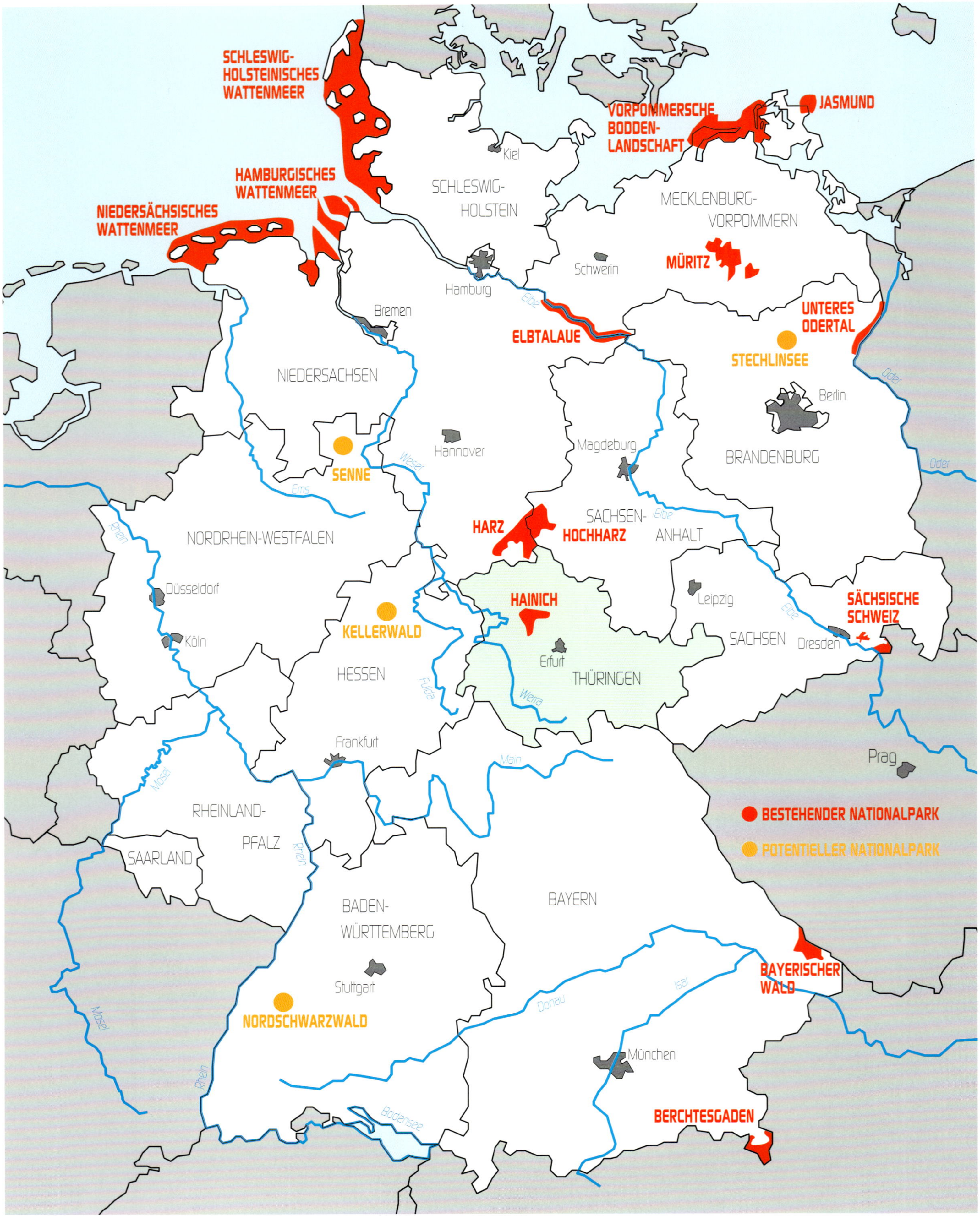
SCHLESWIG-HOLSTEINISCHES WATTENMEER
HAMBURGISCHES WATTENMEER
NIEDERSÄCHSISCHES WATTENMEER
VORPOMMERSCHE BODDEN-LANDSCHAFT
JASMUND
Kiel
SCHLESWIG-HOLSTEIN
MECKLENBURG-VORPOMMERN
Schwerin
MÜRITZ
Hamburg
Elbe
Bremen
ELBTALAUE
UNTERES ODERTAL
STECHLINSEE
Oder
Berlin
NIEDERSACHSEN
Hannover
Magdeburg
BRANDENBURG
SENNE
Weser
Ems
HARZ
HOCHHARZ
SACHSEN-ANHALT
Rhein
NORDRHEIN-WESTFALEN
Düsseldorf
HAINICH
Leipzig
SÄCHSISCHE SCHWEIZ
KELLERWALD
Köln
SACHSEN
Dresden
Erfurt
HESSEN
THÜRINGEN
Fulda
Werra
Frankfurt
Main
Prag
Mosel
RHEINLAND-PFALZ
SAARLAND
BESTEHENDER NATIONALPARK
POTENTIELLER NATIONALPARK
BADEN-WÜRTTEMBERG
BAYERN
BAYERISCHER WALD
Stuttgart
Isar
Donau
NORDSCHWARZWALD
München
Bodensee
BERCHTESGADEN

I. Ein Blick zurück

Ein warmer Tag im Juni 1998 auf dem Alten Berg am neugegründeten Nationalpark Hainich – welch ein Ausblick bietet sich hier dem Besucher! Zu unseren Füßen liegt das wellige Gelände des ehemaligen Truppenübungsplatzes Kindel. Fast bis zum Horizont wogt ein üppig grünes Meer von Jungwald, das nach Süden allmählich in offeneres Land übergeht, dahinter die Hörselberge als grüne Mauer vor dem fernen Blau eines endlos langen, buckeligen Gebirgsrückens, dem Thüringer Wald. Eine beeindrukkende Kulisse bietet sich dar, bisher kaum gestört durch landschaftsfremde Bauten oder Industrieanlagen, eine Landschaft, wie sie sich der Naturfreund zur Erbauung wünscht! Als wollte er das Idyll vollenden, kreist über uns ein Rotmilan und segelt schließlich in eleganten Bögen nach Norden davon, wo er unseren Blicken über den himmelhohen Buchen des Weberstedter Holzes entschwindet.

Genau fünf Jahre zuvor saßen wir im Kreis unserer Kollegen aus der Abteilung Naturschutz der Thüringer Landesanstalt für Umwelt an dieser Stelle – damals aber nicht als Wanderer, sondern nach Wegen suchend für die Ausweisung dieses Laubwaldes als Nationalpark. Auf unseren Karten hebt sich der Hainich und sein Umfeld durch seine Geschlossenheit vom übrigen Land ab, weder von Siedlungen noch von Verkehrswegen zerschnitten. Nur zwei unbedeutende Ortsverbindungsstraßen queren den nördlichen Teil des Waldgebiets. Unübersehbar die Folgen des gerade erst eingestellten militärischen Übungsbetriebes – Granathülsen und von Panzerketten aufgewühlte Erde bestimmten das Bild. Trotzdem waren wir alle begeistert vom Wildwuchs und der Artenfülle, die sich überall dem Auge darbot: In den wassergefüllten Panzerspuren tummelten sich Kammolch und Gelbbauchunke, Bekassine und Flußregenpfeifer besiedelten die Feuchtländereien, und Raritäten wie Birkhuhn, Schwarzkehlchen und Raubwürger überraschten die Beobachter. So füllten sich unsere Merkbücher mit ersten Aufzählungen seltener Arten, die auf den Roten Listen Thüringens ganz obenan stehen.

Abbildung 1 Bestehende und potentielle Nationalparke in Deutschland

Bis zum Thüringer Wald und zur Rhön reicht der Blick vom Nationalpark aus.

Heute hat die Natur viele Wunden geheilt: Die Panzerspuren sind weitgehend verwachsen, ein Blütenmeer von Wiesenstorchschnabel, verschiedenen Orchideenarten, Margeriten, Glockenblumen, Akelei und Türkenbund dehnt sich im Grasland aus, und junge Laubbäume verschiedenster Art keimen im einst zerwühlten Boden auf. Nur da, wo die Kettenfahrzeuge im südlichen Teil des Übungsplatzes in breiten Schneisen und tiefen Kuhlen den nackten Boden immer wieder aufwühlten, hat die Vegetation das Terrain noch nicht vollends zurückerobert. Aber es ist nur noch eine Frage der Zeit, bis Heckenrose, Schlehe und Weißdorn, Weide, Espe und Esche und schließlich die bunte Vielfalt weiterer Laubbaumarten hier einen neuen Wald entstehen lassen.

Am Horizont erkennen wir vor den fernen Kuppen der Rhön die Wartburg. Seit über acht Jahrhunderten ist die geschichtsträchtige Burg Zeuge der Nutzung der Hainichwaldungen durch den Menschen. Die Einrichtung der Truppenübungsplätze Kindel und Weberstedt im südlichen Hainich war bislang wohl die einschneidendste. Ab 1935 nutzte die Wehrmacht den Kindel zur Erprobung von Panzern und nach dem Krieg die sowjetische Armee. 1965 wurde der Übungsplatz Weberstedt der Nationalen Volksarmee der DDR eingerichtet. Seitdem zermalmten Panzerketten die Vegetation, und Anfang der achtziger Jahre wurden viele hundert Hektar Wald kahlgeschlagen und den Schießbahnen geopfert.

Aber all dies ist jetzt Vergangenheit – aus zwei Truppenübungsplätzen wurde zum Jahreswechsel 1997/98 der erste Thüringer Nationalpark. Auf Teilen seiner 7.600 ha großen Fläche darf sich Natur nach ihren eigenen Gesetzen ohne Eingriff des Menschen wieder frei entfalten – wohl die angemessenste Form der Wiedergutmachung an diesem jahrzehntelang durch Kriegsübungen geschundenen Stück Erde!

Ein Stück Hainichgeschichte: Panzergranate im Stamm einer Rotbuche.

Vom Alten Berg reicht der Blick zur Wartburg.

Unsere Gedanken schweifen zurück in die Anfangsjahre des Bemühens um einen Nationalpark Hainich, die von oft erbittert geführten Debatten der Befürworter und Gegner eines solchen Schutzgebiets geprägt waren. Eines aber vereinte beide Lager – der außerordentlich hohe Naturschutzwert der Hainichwälder stand außer Zweifel. Die Wälder mit ihren Pflanzen und Tieren haben somit selbst die besten Argumente für ihren Schutz geliefert. Doch mußte diese Artenvielfalt erst erkundet werden. Diese Zeit der Erkundungen und Entdeckungen war von besonderem Reiz.

Die Entdeckung eines „Schatzes“

Eigentlich war es an jenem denkwürdigen Junitag 1993 nur für uns und viele spätere Besucher eine „Entdeckung“, denn unser Exkursionsführer, Fritz Höpner, Revierleiter im Armeeforst Weberstedt, wie das Waldgebiet damals hieß, wußte sehr wohl vom Wert dieses Waldes, über den er jahrzehntelang die Hände gehalten hatte und den wir später gern als „Schatz“ des Hainichs bezeichneten. Was für ein Wald bot sich hier unseren Augen dar: Riesige Rotbuchen reckten ihre gewaltigen Äste gen Himmel; dazwischen Eschen, Berg- und Spitzahorne von nicht geringeren Dimensionen. Ulmen, die wir sonst vom Ulmensterben betroffen nur als Dürrlinge kannten, lebten hier, verjüngten sich, und einige Exemplare waren fast meterdick. Im Ensemble der Baumarten fehlten selbst Wildkirsche, Feldahorn, Eiche, Hainbuche und Linde nicht, und als Besonderheit waren die stärksten Elsbeerbäume eingestreut, die wir aus Thüringer Wäldern kannten. Und nicht nur kraftstrotzende, lebende Bäume gab es. In diesem Wald durften Bäume eines natürlichen Todes sterben, und das war für unsere an Wirtschaftsforste gewöhnten Augen das Besondere. Während im Forst ein Baum in seiner vitalsten Phase geschlagen wird, waren hier wie in einem Urwald alle Stadien des Sterbens und des Zerfalls von Baumgiganten zu finden. Baumpilze verschiedenster Art reihten ihre originell gefärbten und geformten Fruchtkörper an- und übereinander und zeigten an, daß auch gesund erscheinende Riesen bereits dem Tod geweiht waren.

Symphonie in Grün

Obwohl ganz offensichtlich früher schon hier und da einzelne Bäume der Axt zum Opfer gefallen waren, zeigte dieser Wald urwaldartige Züge: Schiefe und krumme Baumgestalten, Zwillinge, Drillinge und andere Mehrlingsgruppen, die im ordentlichen Forst normalerweise bereits im Jugendalter beseitigt werden, riesige, höhlenreiche Wurzelfüße, wie sie im Urwald überall dort entstehen, wo Bäume auf toten Stämmen keimen und aufwachsen, gebrochene Veteranen, die im Sturz ihre Nachbarn gestreift, verletzt oder mit niedergeworfen hatten. Alte Stämme in unterschiedlichsten Stadien des Zerfalls lagen kreuz und quer, manche bedeckt von dicken Mooslagen, wie wir sie in deutschen Laubwäldern bisher nie gesehen hatten. In den Lücken üppige Verjüngung – ohne daß die Hand des Forstmanns gesät, gepflanzt oder mit der Axt nach Menschenmaß die Bestände „gepflegt" hätte. Unvorstellbar reich erschien uns die Vegetation am frühsommerlichen Waldboden: Ein fast kniehoher grüner Teppich aus Bingelkraut, Zwiebelzahnwurz, Waldgerste und vielen anderen Arten, die den Laubwald zu dieser Jahreszeit begleiten, füllte die Flächen zwischen den am Boden verrottenden Stämmen aus. Hier und da leuchteten die letzten Blüten einzelner Waldorchideen auf – Fuchssches Knabenkraut, Weißes Waldvögelein – oder Prachtexemplare von Türkenbundlilien im Dämmerlicht unter den dichten Baumkronen. Dazwischen überall aufkeimende junge Laubbäume, so reichlich, daß Wildverbiß bisher offenbar für diesen Wald kein ernstes Problem darstellte.

Wer etwas von Wäldern versteht, erkennt jedoch rasch, daß wir auch in diesem „Schatz" des Hainichs das Ergebnis früherer Nutzung vor uns haben. Es sind ehemalige Mittelwälder, aus denen bäuerliche Besitzer neben Brennholz, das meist in jüngerem Alter geschlagen wurde, hin und wieder die wertvolleren, weil älter gewordenen Bauholzstämme einzeln entnommen haben. Im alten Sinne galt der sogenannte Plenterwald als „Plünderwald" – das Bessere wurde entnommen, der Rest blieb stehen. Regenerationsfähige Arten wie Esche, Hainbuche, Eiche, Ulme und Ahorn ließ man nach einem Holzeinschlag aus den reichlich sprießenden Stockaustrieben gedeihen. Sie wuchsen später aus knorrigen, knolligen Wurzelfüßen zu neuen Baumriesen empor. Da in diesen ehemaligen Bauernwäldern eine „schulbuchgerechte Waldpflege", wie man sie später auf den Forstschulen vermittelte, fehlte, gelang es auch schiefen und krummen Individuen, ins hohe Alter auszuwachsen. Sie überraschen uns noch heute durch ihre bizarren Formen, wie man sie sonst nur aus Urwäldern kennt.

Beim Anblick dieser Laubwaldpracht wurden wir sofort an den berühmten polnischen Urwald von Bialowieza erinnert, in dem allerdings aufgrund des kontinentalen Klimas keine Rotbuchen gedeihen, sondern Hainbuchen unter dicken Eichen und vielen anderen Baumarten eine zweite Waldetage ausbilden.

Bedroht und schützenswert!

Dieser Wald wirbt für sich – er muß, so wie er ist, geschützt und seine naturgemäße Entwicklung vor Eingriffen bewahrt werden! Doch wie so oft folgte der Begeisterung der Entdecker Ernüchterung auf dem Fuße: In unserem Falle geschah dies bereits beim anschließenden Gespräch im Bundesforstamt in der nahe gelegenen Gemeinde Kammerforst. Die künftig freiwerdenden militärischen Liegenschaften weckten Begehrlichkeiten auf allen Ebenen. Was jahrzehntelang wirtschaftlicher Nutzung entzogen war und ausschließlich dem militärischen Übungsbetrieb diente, war jetzt plötzlich für den raschen Aufschwung wichtig. Allein die Anträge auf Bewilligung neuer Steinbrüche, die sich auf den Tischen des Bundesforstamts häuften, hätten im Falle ihrer Verwirklichung genügt, um die Wälder mit ihren Pflanzen und Tieren, aber auch das Landschaftsbild dauerhaft zu schädigen.

Auch viele andere Pläne gab es: Heizwerk mit himmelhohen Schornsteinen, Gewächshausriesen mit Glasflächen in Quadratkilometergröße, Holzverarbeitungswerk, Flugplatz, Erdstofflager und natürlich Motocrossgelände. Das gemeinsame Nachdenken über Lösungen, die dem einzigartigen Hainichwald Schutz bieten, aber auch die wirtschaftlichen Entwicklungschancen dieses Landstrichs nicht mindern sollten, führten bald dazu, das weltweit bewährte Konzept eines Nationalparks auch für Thüringen zu erwägen und die Chancen für eine Realisierung prüfen zu lassen. Der Weg dahin – von der Idee zur Wirklichkeit – war dornig, aber letztendlich erfolgreich. Zunächst genügte es nicht, daß sich die Naturreichtümer des Hainichs dem staunenden Auge darboten. Ihre Schutzwürdigkeit mußte auch durch Fachgutachten belegt werden. So begannen systematische Beobachtungen der Tier- und Pflanzenwelt, die immer neue Überraschungen und schließlich großartige Einsichten in die Reichhaltigkeit der Flora und Fauna zutage förderten.

Eine Landschaft wird Nationalpark

Immerhin gab es als Vorbild den Nationalpark Bayerischer Wald, der den einst armen, benachteiligten Bayerwäldlern nicht nur ein einzigartiges Naturerbe bewahrt, sondern im Laufe der Zeit bedeutenden Wohlstand beschert hat. Hinzu kamen Erfahrungen aus den in der Wendezeit entstandenen ostdeutschen Nationalparken, dem „Tafelsilber der deutschen Einheit", wie es der frühere Bundesumweltminister Klaus Töpfer einmal genannt hatte. Ökologen, Nationalparkfachleute und Urwaldkenner wie Per Angelstam, Hans Biebelriether, Hermann Remmert, George Peterken, Wolfgang Scherzinger und Georg Sperber besuchten den Hainich. Experten aus Ländern der Europäischen Union und aus anderen Nationalparken kamen und halfen mit Rat und Tat. So konnten Fehler vermieden und manche Planungsschritte optimiert werden.

In Thüringen gelang die Verwirklichung des ersten deutschen Laubwaldnationalparks in erstaunlich kurzer Zeit: Von der ersten Planungsidee bis zur Realisierung dauerte es nur fünf Jahre. Den mit den Vorbereitungsarbeiten betrauten Mitarbeitern im Thüringer Ministerium für Landwirtschaft, Naturschutz und Umwelt wurde vieles im Eiltempo abverlangt: Über Schutzwürdigkeitsgutachten und Abgrenzungsvarianten mußte entschieden werden, umfangreiche Gutachten zur Pflege und Entwicklung des Gebietes, zur Dorf- und Tourismusentwicklung wurden eingeholt und ausgewertet. Daneben waren öffentliche Anhörungen vorzubereiten, Gespräche mit Anwohnern zu führen und über die Rechtmäßigkeit von Besitzansprüchen Klarheit zu schaffen. In sehr kurzer Frist waren schließlich die Texte zum Nationalparkgesetz zu formulieren und abzustimmen.

Aber es gab auch hilfreiche Unterstützung auf diesem Wege: Durch Fördermittel aus dem LIFE-Programm der Europäischen Union, ergänzt durch Landesmittel wurden Planungen auf völlig neuem Niveau ermöglicht, und es entstand ein „Informationszentrum Hainich", das die Menschen der Region mit den Nationalparkideen und -zielen vertraut machte.

Mit der Billigung des „Integrierten Schutzkonzepts für den Hainich" setzte die Thüringer Landesregierung am 1. Oktober 1996 den entscheidenden Meilenstein: Der darin gefundene Kompromiß verbindet den Schutz des einmaligen Naturerbes im Hainich mit der naturnahen Waldnutzung. Drei wesentliche Punkte bestimmen den Inhalt: 1. Die Einrichtung eines Nationalparks auf 7.600 ha Fläche mit unbewirtschafteten Kernzonen, der im wesentlichen die beiden Truppenübungsplätze umfaßt; 2. die Ausweisung von Naturwaldreservaten nach dem Thüringer Waldgesetz im Bereich des mittleren Hainichs, um die Plenterwälder und deren Bewirtschaftung als solche zu erhalten; 3. die Verwirklichung des Naturparks „Eichsfeld - Hainich - Werratal“, um den Nationalpark und die Naturwaldreservate großräumig einzubetten.

Vollzogen wurde die Errichtung des Nationalparks Hainich schließlich durch den Beschluß des Thüringer Landtages zum „Thüringer Gesetz über den Nationalpark Hainich“ vom 10. Dezember 1997 und durch Verkündung im Gesetz- und Verordnungsblatt am 30. Dezember 1997.

Ein Nationalpark in den „Kinderschuhen“

Natürlich steckt der junge Nationalpark Hainich noch in den „Kinderschuhen“. Er ist ein „Entwicklungsnationalpark“, wie es die Fachleute nennen. Noch erfüllt er nicht die weltweiten Anforderungen, welche die Internationale Naturschutzorganisation IUCN (International Union for Conservation of Nature and Natural Resources) zur Bedingung für eine Anerkennung macht, nämlich auf drei Viertel der Schutzgebietsfläche die wirtschaftliche Nutzung – Forstwirtschaft, Landwirtschaft und Jagd – einzustellen und dort die Natur sich selbst zu überlassen. Noch gelten Weiderechte aufgrund bestehender Pachtverträge in den waldfreien Gebieten. Für die Jagd müssen künftig effektive Methoden gefunden werden, die eine ökologiegerechte Wildbestandsregulierung ermöglichen. In den alten Waldteilen wurde die Bewirtschaftung bereits auf 1.000 ha eingestellt. Die forstliche Nutzung der restlichen Waldflächen durch die Bundesforstverwaltung muß sich an den Entwicklungszielen des Nationalparks orientieren. Nutzer wie Schäfer, Jäger oder Waldarbeiter und die Spuren ihrer Tätigkeit, z.B. Holzpolter oder Rückefahrzeuge, werden mittelfristig auch weiterhin dem Besucher des Nationalparks auf seinen Wegen begegnen. Durchforstungen im alten Stil und nicht mit dem Augenmaß, das der Schöpfung dieser Laubwaldpracht angemessen wäre, können die Entwicklung zum „Urwald für unsere Kinder“, wie es der frühere bayerische Staatsminister Hans Eisenmann (†) einst am Beispiel des Bayerischen Nationalparks so treffend formulierte, um Jahrzehnte zurückwerfen. In Baumlebensaltern gemessen ist dies jedoch wenig, und wer in Urwalddimensionen zu denken beginnt, wird das Ziel mit Geduld trotzdem weiter verfolgen. Mit bisher rund einem Drittel nutzungsfreier Fläche ist der Nationalpark Hainich heute durchaus mit den anderen ostdeutschen Entwicklungsnationalparken vergleichbar.

Das Gebiet des munitionsbelasteten südlichen Truppenübungsplatzes Kindel wird vorerst dem Besucher noch gänzlich vorenthalten bleiben müssen, bis auf den entsprechenden Flächen die Munition geborgen ist und ein sicheres Wegenetz ausgewiesen werden kann.

Mit dem „Ja“ zum Nationalpark ist jedoch die Entwicklung in die richtige Richtung eingeleitet worden. Nutzungen und andere Belastungen werden in dem Maße und um so rascher verringert, je schneller die Bewußtseinsbildung von Anliegern und Besuchern in Richtung zu mehr Nationalparkverständnis entwickelt werden kann. Vor der jungen Nationalparkverwaltung liegen somit beachtlich große Aufgaben. Sie sind aber lösbar. Der Erfolg der Nationalparkidee in Deutschland und weltweit wird diesen Prozeß unterstützen!

2. Die Ausgangslage – wozu ein Laubwaldnationalpark?

Sommergrüne Laubwälder – weltweit bedroht

Wenn in unseren Märchen und Legenden vom Wald die Rede ist, so ist oft eine geheimnisvolle, auch furchterregende Wildnis gemeint, in der man sich verirren kann und in der wilde Tiere hausen. Dies sind gewiß keine von Nadelbäumen dominierten Forste, sondern natürliche, bunt gemischte Wälder, in denen Laubbäume, besonders Buchen oder Eichen überwiegen. So sind solche gemischten Laubwälder ein Teil unserer Identität, ohne daß wir uns dessen immer bewußt sind.

Sommergrüne Laubwälder, die im Herbst ihre Blätter abwerfen, kommen nur auf der nördlichen Halbkugel etwa zwischen 30. und 60. Breitengrad vor, wenn man einmal von Chile und kleinen Teilen Neuseelands und Australiens absieht. Zu ihnen gehören die Buchen- und Eichenmischwälder des west- und mitteleuropäischen Raumes. Typische Baumgattungen dieser Wälder sind Ahorn, Birke, Erle, Hainbuche, Rotbuche, Eiche, Esche, Eberesche, Pappel, Weide, Linde, Ulme und Wildkirsche. In südlicheren Breiten gesellen sich u.a. Eßkastanie, Walnuß und verschiedene Wildobstarten dazu.

Zum sommergrünen Laubwaldgürtel der gemäßigten Klimazonen zählen weiterhin die sehr artenreichen Mischwälder Ostasiens, die Laubwälder der mittleren und höheren Lagen der Himalaya-Vorberge und die mannigfaltig zusammengesetzten, artenreichen Laubwälder im südöstlichen und östlichen Nordamerika. Ein sehr schmales Band von Laubwäldern, das in den Lehrbüchern meistens gar nicht abgebildet ist, verbindet außerdem Europa mit Asien entlang der Gebirgsausläufer von Kaukasus und Tienschan im südlichen Rußland und Kasachstan.

Die Zone dieser sommergrünen Laubwälder auf der nördlichen Erdhalbkugel liegt nicht zufällig in einem Schwerpunkt der Entwicklungsgeschichte der Menschheit. Vorteilhaftes Klima und fruchtbare Böden boten den Menschen seit der letzten Eiszeit gerade hier günstige Siedlungsbedingungen. Zahlreiche Kulturen nutzten die Wälder für ihr Weidevieh, betrieben Landwirtschaft und bauten aus dem Holz der Wälder Schiffe, Siedlungen und Städte. Mit dem Aufkommen von Bergbau, Glasherstellung und Erzverhüttung wuchs sich die Holznutzung allerdings oft zum großflächigen Raubbau aus. In weiten Bereichen seines ursprünglichen Verbreitungsgebietes verschwand deshalb dieser Laubwaldtyp in Europa, Asien und Nordamerika völlig. An seiner Stelle finden wir heute Nutzwälder, von einer oder von wenigen Arten beherrscht, ausgedehnte Siedlungsräume, baumlose Agrarsteppen oder wie im Mittelmeerraum Felswüsten, die mit den Wäldern auch ihre Bodenkrume unwiederbringlich verloren haben.

Nach einer Studie des Washingtoner World Resource Institute von 1997 besitzt nur noch ein Fünftel der weltweit verbliebenen Wälder die natürliche Artenausstattung: 76 Länder haben ihre ursprünglichen Wälder verloren, elf Nationen stehen kurz davor, in weiteren 28 Ländern dauert es nur noch wenige Jahre, bis sie das gleiche Schicksal erleiden, und nur noch acht Länder, einschließlich Rußlands und Kanadas, besitzen die Chance, wenigstens Teile ihres Naturwaldes zu erhalten. Weltweit befinden sich lediglich 3% aller Wälder in der gemäßigten Zone, und Europa hat nahezu seinen gesamten Naturwald eingebüßt, der doch einst den ganzen Kontinent bedeckte.

Besonders auf reicheren Böden wurden die Wälder schon vor Jahrhunderten gerodet. Unzerstörte, natürliche Laubwälder sind daher äußerst rar geworden. Meist sind sie nur kleinflächig vorhanden, und selten stehen diese Reste unter Schutz. Ihrem Erhalt als ungenutzte Vergleichsräume kommt deshalb so große Bedeutung zu. Der besondere Wert des Nationalparks

Hainich liegt unter anderem auch darin, daß hier Wälder teilweise auf tiefgründigen, lößhaltigen Böden erhalten geblieben sind.

Die Artenvielfalt der Laubwälder

Betrachtet man die natürliche Artenvielfalt unserer Laubwälder unter dem Blickwinkel ganzer Landschaften – so wird deutlich, daß die geografische Verteilung der Arten Temperatur- und Feuchtigkeitsunterschieden folgt. Unter bestimmten Bedingungen kann es vorkommen, daß auch in Urwäldern nur eine oder wenige Baumarten vorherrschen! Die Fjällbirkenwälder Skandinaviens oder die Lärchentaiga Nordostsibiriens liefern Beispiele für solche natürliche „Monokulturen" von Baumarten. Auch die Rotbuche kann örtlich nahezu reine Bestände ausbilden, weil sie ihre Herrschaft in einem sehr weiten Bereich äußerer Bedingungen zu behaupten vermag. Bei der Erforschung der Artenvielfalt unserer Laubwälder wurde deutlich, daß ihr Artenreichtum mit zunehmender wirtschaftlicher Nutzung abnahm. Ganz besonders betraf das die Vegetation am Waldboden und die dazugehörige Fauna über und unter der Erde. Gerade dieser bodennahe Artenreichtum ist – verglichen mit Nadelwäldern – ein besonderes Merkmal unserer sommergrünen Laubwälder. Er fällt auch dem Laien auf, besonders wenn im zeitigen Frühjahr vor dem Laubaustrieb der Bäume die Vielfalt der Frühblüher in prächtigen Farben und Formen zur Geltung kommt. Für den Schutz dieser „Biodiversität", der Artenvielfalt der rotbuchenreichen Laubwälder tragen wir in Deutschland besondere Verantwortung. Der Hainich schließt daher eine schon lange offene Lücke im Ensemble unserer Nationalparke.

Üppiges Blühen am Waldboden: Gelbe Anemonen

Es ist der Kleiber und nicht die Blauracke!

Der Berliner Ornithologe Martin Flade hat es auf den Punkt gebracht: Wir Deutschen schützen oft die falschen Vögel; solche, die groß und attraktiv sind, über 1,5 m Flügelspannweite besitzen und meist bei uns am äußersten Rande ihres Verbreitungsgebiets leben. Arten, für die wir in Deutschland eine besondere Verantwortung tragen, eben weil der Schwerpunkt ihrer Verbreitung in Mitteleuropa liegt, sind vielen Vogelschützern gar nicht bekannt. Entsprechend des Auftrags der oft zitierten Umweltkonferenz von Rio sollte aber jeder Staat vorrangig diejenigen Arten schützen, die auf seinem Gebiet einen Großteil ihres weltweiten oder kontinentalen Bestandes haben, und für deren Fortbestand er daher die größte Verantwortung trägt!

Für Deutschland folgt daraus, daß wir für den Schutz von typischen Laubwaldvögeln in besonderer Weise Verantwortung tragen: z.B. für Sumpf-, Blau- und Kohlmeise, für Mittel-, Grau- und Grünspecht. Auch Gartenbaumläufer, Kleiber, Schreiadler, Waldkauz, Berglaubsänger, Halsbandschnäpper, Kernbeißer, Amsel, Singdrossel und Hohltaube zählen dazu. Fast all diese Arten finden wir im Hainich als Brutvögel wieder.

Für diese Vögel sind unsere von Rotbuchen und Eichen beherrschten Laubwälder die deutschen „Regenwälder“ schlechthin. Auf lediglich acht Prozent ihrer einstigen Verbreitung zurückgedrängt, werden diese Wälder von Zersplitterung in Kleinflächen und von Luftschadstoffen bedroht. Natürlich, d.h. ohne menschliche Eingriffe, kann sich nur noch der klägliche Rest von weniger als einem Tausendstel des ursprünglichen Bestandes entwickeln! Wie verhält sich dies zu unseren Erwartungen an die Urwälder der dritten Welt? Welche unausdenkbaren Folgen hätte es, wenn die Urwälder der Tropen, aber auch der nördlichen Nadelwaldzone künftig bis auf ein Promille vernichtet würden?

Eine Lanze für den Buchenwaldnationalpark

Der bekannte Marburger Ökologe Hermann Remmert (†) brach als einer der ersten eine „Lanze für den Buchenwaldnationalpark“ in Deutschland. Dabei dachte er zunächst an den hessischen Kellerwald, dicht vor seiner Haustür, ein großes, in Staatsbesitz befindliches Laubwaldgebiet am Edersee, das für dieses Ziel gute Voraussetzungen bot. Im Kellerwald wachsen auf basenarmen Böden sogenannte „bodensaure Buchenwälder“, die die Buchenwälder auf Kalkgestein, wie wir sie im Hainich vorfinden, in idealer Weise ergänzen würden. Trotz positiver Gutachten und intensiver Bemühungen von Wissenschaftlern, von Naturschutzverbänden und Behörden, blieb die Errichtung eines Buchenwaldnationalparks im hessischen Kellerwald vorerst ein Wunschtraum.

Unser farbenfrohester Specht – Grünspecht an der Höhle.

3. Werden und Vergehen im Laubwald

Zunderschwämme an einer alten Rotbuche im Frühlingswald.

Eine Lektion in Urwaldökologie

Durch seinen frühen Tod 1994 blieb der Wunsch des Ökologen Hermann Remmert nach einem Buchenwaldnationalpark in Deutschland unerfüllt. Remmert war in starkem Maße von den Erfahrungen geprägt, die er in zahlreichen Urwäldern der Erde, vor allem aber im berühmten polnischen Flachlandurwald von Bialowieza sammeln konnte. Als versierter Hochschullehrer verstand er es, mit überzeugenden Argumenten für seine Ideen zu werben. Dabei dachte er in langen Zeiträumen, wie es die folgenden Zitate beweisen.

Die Entwicklung von Urwäldern braucht Zeit

„Man muß nur, wie die Polen, dem Wald 600 Jahre Zeit geben. Wir müssen ebenso Geduld haben und nicht 14 Tage nach Errichtung des Nationalparks schon einen ausgewachsenen Urwald erwarten. Wir könnten die sehr langfristigen Erfahrungen der Polen nutzen und ihre in vielen Büchern zusammengefaßten wissenschaftlichen Erkenntnisse, die sie in einem mitteleuropäisch-kontinentalen Mischwald-Urwald gemacht haben, für einen atlantischen Buchenurwald, wie er bei uns vorherrschen würde, sinnvoll einsetzen. Ein solcher Urwald aber lohnt sich. Die Bäume im Urwald werden doppelt bis dreimal so alt wie in einem Wirtschaftswald. In den letzten 100 Jahren ihres Lebens werden sie von allen möglichen Insekten und Krankheiten heimgesucht, und dann sind sie eigentlich biologisch besonders interessant.

Was wissen wir schon über Urwälder?

Im Wirtschaftswald von Bialowieza ist der häufigste Vogel wie bei uns der Buchfink, und überhaupt ähnelt die ganze Vogelwelt sehr unserer mitteleuropäischen. Überquert man jedoch die Narewka und kommt in den Nationalpark, so sind plötzlich Halsbandschnäpper und Zwergfliegenschnäpper neben dem Weißrückenspecht die häufigsten Vögel, und der überwiegende Teil des Bestands an Schreiadlern Polens lebt im Nationalpark. Warum das so ist, wissen wir nicht, und wir wissen überhaupt über das, was in einem

europäischen Urwald vor sich gehen würde, viel weniger als darüber, was in einem amazonischen Urwald vor sich geht.
In Bialowieza hat z.B. der polnische Forscher Falinski zeigen können, daß ein gefallener Baum in der Regel durch eine andere Baumart ersetzt wird. Es kommt praktisch nie vor, daß an der gleichen Stelle nacheinander die gleiche Baumart wieder wächst. Wir aber pflanzen Buche auf Buche oder Fichte auf Fichte – Generation hinter Generation, und wir wundern uns dann, wenn die Bäume neuartige Anfälligkeiten zeigen... Urwälder – nur nebenbei sei es gesagt – geben uns die Möglichkeit, mehr für eine bessere Forstwirtschaft zu lernen und Teile der Probleme unserer Forsten auf ganz einfache Weise zu lösen. Aber wir wollen das ja offenbar nicht zur Kenntnis nehmen. Der Übergang von einem Buchenwirtschaftswald zu einem Urwald geht nicht ganz schnell. Aber ihn zu verfolgen wäre für unsere Forstwissenschaft besonders interessant, weil wir eben über Urwälder viel zu wenig wissen und wir dieses Wissen... brauchen können.
Natürlich kommt ein Wald ohne Zwergfliegenschnäpper und Halsbandschnäpper aus. Auch ein Wald ohne Weißrückenspecht oder Schreiadler ist mit Sicherheit lebensfähig. Nur: diese Arten sind für den Ökologen wichtige Indikatoren. Sicher ist, daß hier Vorgänge ablaufen, die wir weder kennen noch überhaupt im Ansatz verstehen. Diese Faktoren können für die Forstkunde interessant und für die Existenz eines Waldes sogar lebenswichtig sein. Wir haben eben keine Ahnung vom Funktionieren unserer Wälder. Das ist beileibe kein Vorwurf gegen die Forstwirtschaft: Sie existiert eben erst seit 150 Jahren – also eine weit geringere Zeitspanne, als man für die Heranziehung einer großen Eiche braucht. Wir müssen noch lernen. Urwaldgebiete, wo Prozesse ablaufen wie sie wollen, sind nun einmal die wichtigsten Lehrstätten für das Funktionieren von Wäldern und damit auch für die für uns alle so wichtige Forstwirtschaft."

Soweit Hermann Remmert, dessen Gabe, komplizierte Zusammenhänge vereinfacht und einprägsam darzustellen, auch zum Mosaikzyklus-Konzept geführt hat, das dynamische Prozesse in Wäldern beschreibt.

Fruchtkörper eines Schleimpilzes

Nach der Buche kommt die Esche – Remmerts Mosaikzyklus-Konzept

Auch wenn diese Theorie die komplizierten Vorgänge in der Natur stark vereinfachend darstellt, so hat sie doch das Denken im Naturschutz revolutioniert. Der Ausgangspunkt ist so einfach wie originell: Ein Blick auf Abb. 2 erleichtert das Verständnis: Ein in Österreich untersuchter Buchenurwald besteht nicht, wie wir oft naiv annehmen, aus einem Durcheinander von Bäumen verschiedenen Alters, sondern aus einem Mosaik von in sich gleichförmigen Teilflächen. Die Bäume einer einzelnen Teilfläche sind relativ gleichalt und gehören oft derselben Baumart an. Die Bestände benachbarter „Mosaiksteine" können sich davon nach Alter und Artenzusammensetzung unterscheiden. Die von den Forschern festgestellte mittlere Größe von 1-2 ha für einen „Mosaikstein" scheint für Laubwälder unserer Breiten typisch zu sein. Im tropischen Urwald sind diese Teilflächen kleiner. Im borealen Nadelwald, in dem Windwürfe, Borkenkäferkalamitäten und Brände als wichtigste Störereignisse wirken, sind die „Mosaiksteine" wesentlich größer – oft viele 100 ha.

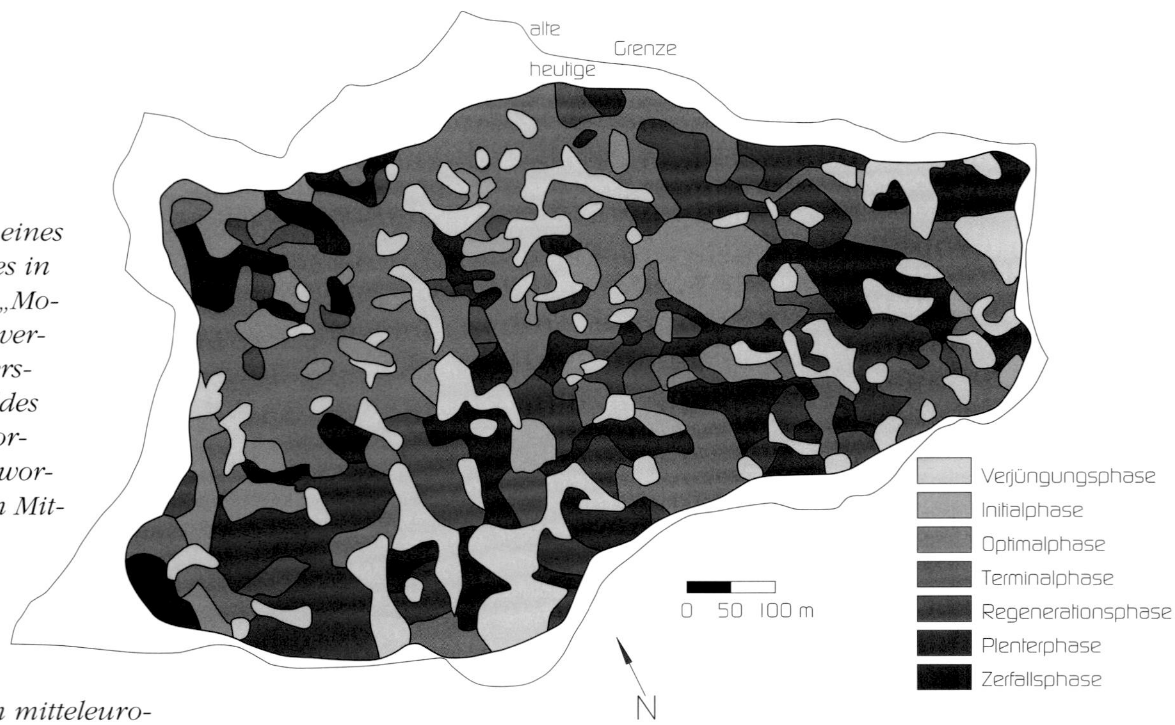

Abbildung 2
Oben: Mosaikstruktur eines Buchenurwaldes in Österreich. Die „Mosaiksteine" aus verschiedenen Altersphasen des Waldes sind von den Forschern kartiert worden. Sie sind im Mittel 1 ha groß.

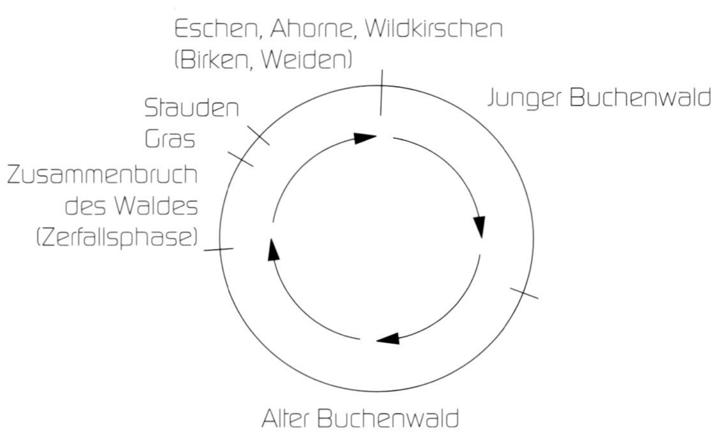

Unten: Zyklus in einem mitteleuropäischen Buchenwald: Nach dem Zusammenbruch alten Waldes folgt auf einen durch Gräser und Stauden beherrschten Zeitabschnitt die Wiederbewaldung. Auf Muschelkalkböden wie im Hainich sind die Pionierbäume meist Esche, Ahornarten oder Wildkirsche, gelegentlich aber auch Birke, Aspe und Weidenarten. Allmählich setzt sich wieder die Buche durch. Nach 300 - 400 Jahren beginnt nach meist kleinflächigen Zusammenbrüchen der Kreislauf von vorn (nach Remmert 1994, verändert).

Der 800jährigen Eiche sieht man an ihren tiefen Astansätzen an, daß sie noch aus der Zeit der Waldweide stammt.

Mit dem Einsetzen der Waldverjüngung auf entstandenen Freiflächen geht oft ein Baumartenwechsel einher: So kann man im Muschelkalkgebiet des Hainichs beobachten, daß eine Lücke im Buchenaltholz von einem reinen Eschen- oder Bergahornjungwuchs ausgefüllt wird. Aber auch Wildkirsche oder Weichlaubhölzer treten als Pioniere auf. Anderenorts, z. B. auf Sandböden, erscheinen oft leichtsamige Arten wie Birke, Weide oder Espe als Erstbesiedler. Im Laufe eines Jahrhunderts brechen diese kurzlebigen Baumarten durch Schnee, Wind oder Insektenbefall zusammen. Meist wachsen schon vorher in ihrem Schutz die Arten des ursprünglichen Waldbestandes allmählich wieder auf.
Die Waldsukzession, wie man diese Aufeinanderfolge in der Fachsprache nennt, vollzieht sich somit nicht linear in einer Richtung und endet auch nicht mit einer als „Klimax“ bezeichneten Waldgesellschaft, wie es klassischen Vorstellungen entsprechen würde. Vielmehr stellt sie einen Zyklus dar, der sich im Buchenwald nach 300 - 400 Jahren wieder schließt. Die einzelnen „Mosaiksteine“ im Buchenurwald unterscheiden sich untereinander also nach Alter oder nach der auf der Teilfläche herrschenden Baumart. Hermann Remmerts Verdienst besteht weniger im Erkennen dieser Kreisläufe, diese hatten schon andere Forscher wie Aubreville (1938), der Urwälder in Westafrika studierte, oder auch der bekannte Schweizer Urwaldforscher Leibundgut (1981) beobachtet, sondern darin, daß er das Mosaikzyklus-Konzept auf viele andere Ökosysteme erweiterte und daraus richtungsweisende Empfehlungen für den klassischen Naturschutz gab, der gar zu oft statischen Vorstellungen des Bewahrenwollens anhängt. Naturschutz gegen die Natur (-entwicklung) war die Folge des ständigen Eingreifens bei speziellen Artenschutzmaßnahmen oder bei der Landschaftspflege alten Stils. Auf diese Weise legte Remmert mit die theoretische Grundlage für das, was wir heute Prozeßschutz nennen, der neben der Bewahrung der Artenvielfalt zum international anerkannten obersten Ziel in Nationalparken heranreifte: dem Gewährenlassen natürlicher Entwicklungsprozesse ohne Eingreifen des Menschen. Dazu gehört letztendlich auch das Evolutionsgeschehen, also die Fortentwicklung aller Lebewesen.

Unser „Wissen“ über Buchenurwälder stammt aus Miniflächen

Die einzigen – meist kleinflächigen – Buchenurwaldreste, die Forstwissenschaftler bisher studierten, betreffen Wälder in unzugänglichen Berglagen Südosteuropas, des Balkans, der Dinarischen Alpen und der Slowakischen Karpaten. In Mecklenburg-Vorpommern wurden die schon seit langer Zeit nicht mehr bewirtschafteten „Heiligen Hallen“ zu einem Zielgebiet der Forscher. Die Gebirgsbuchenwälder wurden von dem Schweizer Hans Leibundgut (†) und dem Slowaken Stefan Korpel und ihren Mitarbeitern analysiert. Aus ihren Studien wissen wir, daß die ältesten Buchen 250 bis maximal 350 Jahre alt werden können. Auch die Holzmassen dieser Gebirgsbuchenurwälder wurden abgeschätzt. Sie liegen mit 400 und 700 m^3 pro Hektar weit über dem Durchschnitt von Wirtschaftswäldern und erreichen in seltenen Fällen sogar den Spitzenwert von 1.000 m^3. Übereinstimmend fanden beide Forscher heraus, daß die Verjüngung in diesen Urwaldresten stets kleinflächig erfolgt. Dabei ist das Alter der Baumbestände benachbarter „Mosaiksteine“ trotz ihrer anscheinenden Gleichförmigkeit sehr unterschiedlich. Die Kleinflächigkeit der „Mosaiksteine“ beweist, daß Buchenurwälder der Gebirge nicht zu großflächigen Zusammenbrüchen neigen, wie es z.B. in Urwäldern aus Nadelbäumen der Fall sein kann. Diese Befunde stehen in guter Übereinstimmung zum oben beschriebenen Mosaikzyklus-Konzept. Von Rotbuchenurwäldern des Tief- oder Hügellandes wissen wir darüber nichts, weil es solche in ausreichender Größe nicht mehr gibt.

Für die künftige Forschung im Nationalpark Hainich stehen wichtige Fragen zur Klärung an: Zum Beispiel, ob ein Laubholzurwald das klimarelevante Gas Kohlendioxyd stärker zu binden vermag als ein naturschonend bewirtschafteter Plenterwald. In Zukunft werden Zusatzleistungen des Waldes wie Wasserspeicherung, Luftfilterung und Bindung der das Klima verändernden Gase möglicherweise ebenso große Bedeutung für den Menschen haben wie der reine Holzertrag.

Angst vor toten Bäumen?

Ein Teil der sonntäglichen Waldspaziergänger bevorzugt meist den „aufgeräumten, ordentlichen, überschaubaren" Wald. Wo in Deutschland sollten sie auch ihre Vorstellungen von Wald um die Dimension „Wildnis" erweitern können? Daß allein Begriffe wie „Urwald" oder „Wildnis" bei uns eher einen negativen Beiklang haben, hat wohl uralte, historische Wurzeln. Dunkle Waldwildnis erschwert die Orientierung, ängstigt und bedrückt die einen, und die „Verschwendung" des Rohstoffs Holz durch Liegen- und Verrottenlassen ärgert die anderen, die der Meinung nachhängen, im Walde dürfe nichts „umkommen".

In einem oft belustigenden Gegensatz dazu steht der von Urwaldexkursionen gewohnte Anblick, den der Nationalparkforscher und Urwaldexperte Scherzinger so skizziert hat: *„Naturschutzbegeisterte scharen sich mit ihren Fotoausrüstungen um abgesplitterte Baumstrünke, pilzzersetzte Baumleichen, hochgerissene Wurzelteller, verkeiltes Sturmholz, vom Blitz zerfetzte Baumkronen, modrig bemooste Kadaver. Aus welchem Grund haben sie an Zerstörung, Tod und Verfall mehr Interesse als am strotzenden Leben üppig grüner Urwaldbäume? Totholz in welcher Form auch immer ist das auffälligste Urwaldmerkmal. Menge und Vielfalt dieser morbiden Schönheit stehen im Urwald in auffälligem Kontrast zum ordnungsgemäß gepflegten Nutzwald."*

Sogar im noch jungen Nationalpark Hainich werden uns tote Bäume häufiger als anderswo begegnen. Aufgeklärte Besucher werden sich an den bizarr geformten toten Riesen, an den prachtvollen Zunderschwämmen und an den dick bemoosten liegenden Stämmen erfreuen. In Nationalparken bilden diese Aufgeklärten in der Regel die Mehrheit. Sie suchen diese Eindrücke von Wildnis, wenn sie sich für einen Nationalparkbesuch entscheiden. Welch einzigartige Fotomotive Totholz bietet, beweisen die Naturdokumente in diesem Buche wohl besser als viele Worte. Nach wie vor gibt es aber Menschen, die für Waldwildnis keine Sympathie empfinden. Für sie ist dieses Kapitel geschrieben mit dem Ziel, mehr Verständnis für das komplizierte Ökosystem Wald zu erreichen, in dessen Kreisläufen totes Holz eine ungeheuer wichtige Rolle spielt.

Am Rande der häufig begangenen Wanderwege wird die Nationalparkverwaltung tote Bäume aus Sicherheitsgründen fällen lassen, abseits der Wege gehören aber sterbende und tote Baumgestalten einfach zum Naturgeschehen in einem Wald: Werden und Vergehen liegen dicht beieinander. Zum umsichtigen, waldgerechten Verhalten gehört es, bei stärkerem Wind oder gar Sturm die totholzreichen Waldteile zu meiden, besser aber die Waldwanderung für diesen Tag zu beenden. Da der moderne Mensch manchmal die naheliegenden Gefahren im Walde – auch Gewitter – zu wenig beachtet, wird die Nationalparkverwaltung eher aufklärend wirken müssen, als jeden morschen Ast absägen zu lassen, was ohnehin nicht möglich ist. Uns geht es hier aber weniger um den – äußerst geringen – Gefahrenaspekt des Totholzes, sondern vielmehr um seine enorme Bedeutung im Waldökosystem.

„Totholz" ist nur scheintot

Wer das Wortspiel dieser Überschrift ernst nimmt, hat vollkommen recht: Es gibt im Walde nichts lebendigeres als totes Holz, wenn man Artenzahlen betrachtet. Während im gesunden Stamm eines Baumes in aller Regel nur wenige Organismen zu leben vermögen (vielleicht ein Buntspecht, der in einer Höhle seine Jungen aufzieht), wächst die Zahl der im absterbenden und mehr noch im gestürzten, verrottenden Baumstamm lebenden Organismen nach Artenzahl und Individuenmenge ungeheuer an.

Bereits im stehenden, noch lebenden Stamm beginnen Pilze und Bakterien ihr zerstörerisches Werk. Insekten siedeln sich an, darunter viele der hochbedrohten holzbewohnenden Käferarten. Spechte schaffen auf der Suche nach Nahrung oder beim Brutstättenbau Höhlen und Löcher, entrinden schließlich die Stämme und beschleunigen ihren Sturz, indem besonders der Schwarzspecht an der meist zuerst morsch werdenden Stammbasis riesige Löcher schlägt. Der liegende Totstamm dient dann einem Heer von Zersetzern, wie man diese Kleinlebewesen nennt, zur Nahrung und vielen weiteren Arten als Versteck, Kinderstube und Keimbett.

In Urwäldern ist totes Holz ein wesentlicher, für die Stoffkreisläufe notwendiger und meist auch in großen Mengen vorhandener Bestandteil des Waldökosystems. Daher konnten sich viele Pflanzen- und Tierarten auf Totholz unterschiedlichster Zerfallsstadien spezialisieren. In Wirtschaftswäldern hingegen wird das Holz genutzt, meist lange bevor die Bäume altersbedingt absterben, und zufällig anfallendes totes Holz, z.B. nach Stürmen oder Schnee-

Aus absterbenden Baumriesen entsteht neues Leben.

bruch, wird meist rasch aus dem Wald entfernt. Viele Totholzspezialisten, vor allem unter den Wirbellosen, sind daher im Wirtschaftswald sehr selten geworden, vom Aussterben bedroht oder bereits verschwunden. Die Roten Listen bedrohter Tier- und Pflanzenarten legen beredtes Zeugnis dafür ab: zum Beispiel kann sich keine Hirschkäferlarve ohne tote Eichen entwickeln!

Angeregt durch die Forschung an totholzbewohnenden Käfern und durch den Nachweis der ungeheuren Zahl von Arten, die an den Lebensraum Totholz gebunden sind, kam die Diskussion um totes Holz im Wirtschaftswald erst zu Beginn der achtziger Jahre in Gang. Seitdem wird der Ruf des Naturschutzes nach großflächigen Naturwaldreservaten, in denen Bäume ihr physisches Höchstalter erreichen, absterben und zerfallen dürfen, und nach mehr Totholz im Wirtschaftswald immer lauter geäußert.

Totholz ist nicht nur ein besonders augenfälliges Merkmal von Naturwäldern, es ist auch ein ganz wesentliches Strukturelement. Die Bedeutung toter und morscher Stämme für Höhlenbrüter unter den Vögeln ist uns noch am ehesten geläufig. Aber auch die Wurzelteller gestürzter Bäume bieten vieles, was im aufgeräumten Forst fehlt, z. B. Sandbadeplätze und Magensteinchen für Rauhfußhühner, Verstecke für viele Wirbeltiere, aber auch für Wirbellose. Vertreter nicht weniger Säugetierarten verbergen sich in Baumhöhlen oder ziehen dort Junge auf. Je nach Stärke der Bäume und Größe der Höhlen reicht das Spektrum von Wildkatze und Marder über den eingewanderten Waschbären bis hin zu Fledermäusen und Bilchen wie Siebenschläfer und Haselmaus. All diese Arten kommen im Nationalpark Hainich nur deshalb in größerer Dichte vor, weil es eben an diesem nötigen Substrat nicht mangelt. Darüber hinaus ist es Lebensraum vieler holzbewohnender Bakterien, Pilze und niederer Tiere. Die Fülle dieser Arten und ihrer ökologischen Funktionen ist im Hainich bisher noch nie untersucht worden.

Durch ein Heer von holzfressenden wirbellosen Tieren, den „Zerkleinerern“, wird die Holzmasse zerstückelt und ihre Oberfläche so vergrößert, daß Mikroorganismen den Abbau organischer Substanzen rascher bewerkstelligen können. Die im Holz gebundenen komplexen Verbindungen werden wieder in ihre Ausgangsstoffe zerlegt – der Fachmann sagt „mineralisiert“. Erst dann können die dem Boden zurückgegebenen wasserlöslichen Mineralien wieder durch die Pflanzen aufgenommen werden. Fallen einzelne Glieder der Zersetzerkette aus, so kann das ungeahnte Folgen haben: Die Geschwindigkeit der Abbauprozesse wird gebremst, so daß sich Holz-, Nadel- und Laubmassen am Waldboden anhäufen, die Bodenfruchtbarkeit sinkt. Daraufhin verzögern sich Keimen und Wachstum der neuen Baumgeneration oder bleiben ganz aus.

Totholzreichtum und Vogelwelt

Vogelkundler waren wohl unter den ersten, die den Mangel an toten, höhlenreichen Bäumen in unseren Wirtschaftsforsten bemerkten, beklagten und mit Nistgeräten aller Formen und Größen einen Ersatz zu schaffen versuchten. Stellvertretend für diese frühen Bemühungen des Höhlenbrüterschutzes sei Freiherr von Berlepsch erwähnt, dessen Seebacher Burg als erste Staatliche Vogelschutzwarte Deutschlands ganz in der Nähe des Hainichwaldes steht. Heute fungiert sie wieder als Staatliche Vogelschutzwarte Thüringens, und der Besuch der historischen Wasserburg mit Vogelschutzpark, Ausstellungsräumen, verschiedenen Sammlungen und einer Auffang- und Pflegestation für verletzte Vögel läßt sich leicht mit Wanderungen im Nationalparkgebiet verbinden.

Inzwischen wissen wir, daß tote Bäume mehr sind als lediglich Höhlenlieferanten: Sie bieten über die geschützten Brutplätze für Höhlenbrüter hinaus viele weitere Strukturen, z.B. Sitz- und Singwarten, Unterlagen und Baumaterial für Horste der Großvögel, Laufstege und Verstecke für am Boden agierende Vögel. Als Brut- und Lebensstätten einer ungezählten Heerschar wirbelloser Organismen liefern sie vor allem zahlreichen Vögeln Nahrung.

Nach Untersuchungen im Lautenbacher Wald in Bayern deckte sich besonders das Vorkommen von Schwarz- und Grauspecht mit totholzreichen Waldteilen. Aber auch Kuckuck, Grauschnäpper, Hohltaube, Grünling und Weidenmeise zeigten eine sehr starke Bindung an totes Holz. Als stark bis mäßig wurde die Totholzvorliebe von Wintergoldhähnchen, Waldbaumläufer und Baumpieper gewertet. Mäßig bis schwach war die Abhängigkeit vom Totholzangebot bei Buntspecht, Kleiber, Tannenmeise, Wacholderdrossel, Mäusebussard, Rabenkrähe, Eichelhäher, Kohlmeise, Misteldrossel, Fitis, Buchfink und Waldlaubsänger.

Diese Artenliste könnte in anderen Untersuchungsgebieten wesentlich bunter aussehen. So wären z.B. im Bayerischen Wald u.a. Weißrückenspecht, Dreizehenspecht, Zwergschnäpper, Habichts-, Sperlings- und Rauhfußkauz den Arten mit stärkerer Totholzbindung zuzuordnen. Die Zahl der Vogelbeobachtungen nahm in Gruppen toter Bäume mit der Stammzahl zu. Für Vögel ist es außerdem wichtig, daß Totholz in größerer Dicke vorkommt, lange Sterbephasen durchmacht, dabei möglichst lange stehenbleibt und nur im Kronen- oder oberen Stammbereich bricht. In alten hallenartigen Wäldern sind Sterben und der Zusammenbruch einzelner Bäume auch in ihrer, die Waldstruktur verändernden Funktion zu sehen: Eine Baumsturzlücke wirkt wie ein Fenster, durch das Licht und Wärme ins Dunkel des Altbestands dringt, wodurch die Artenvielfalt der Insekten als Nahrung für Vögel wesentlich erhöht wird.

Für Großvögel wie Störche, Reiher, Kormorane, Adler und andere waldbewohnende Greife bieten Dürrbäume, Dürrwipfel oder einzelne abgestorbene Äste beliebte Landeplätze und Sitzwarten. So ist in den Nationalparken Mecklenburg-Vorpommerns der Anblick eines Seeadlers, der seine Warte auf einer toten Eiche am Ufer oder auf dürren Ästen wählt, ein fast alltäglicher Anblick. Tote Bäume oder Wipfel werden wegen ihrer günstigen Anflugmöglichkeit von einigen Arten nicht selten zur Horstanlage benutzt. Dürre Äste und Zweige liefern dazu das in großer Menge benötigte Baumaterial. Eine besondere Beziehung zu totholzreichen Wäldern scheint der Schwarzstorch zu besitzen: Am Boden liegendes, verrottendes totes Holz liefert ihm nicht nur Baustoffe, sondern es bereichert auch das Nahrungsangebot an Großinsekten, Amphibien und Larven.

4. Eine Hügelkette aus Muschelkalk

Erdfälle und Klüfte

Der Nationalpark nimmt den südlichen Teil des ca. 20 km langen und zwischen 4 und 8 km breiten bewaldeten, hügeligen Höhenzugs des Hainichs im westlichen Thüringen ein. Dieses Bergland bildet die südwestliche Flanke bewaldeter Höhen, die als Naturraum „Hainich - Dün - Hainleite“ das innere Thüringer Becken im Westen, Nordwesten und Norden hufeisenförmig umranden. In unmittelbarer Nachbarschaft befindet sich bei Ober- und Niederdorla der geografische Mittelpunkt Deutschlands. Die zentrale Lage teilt der Hainich mit den beiden Nationalparken im Harz, während alle anderen deutschen Nationalparke randlich an den Grenzen liegen.

Ein Besucher des Nationalparks Hainich wird sich an den Wäldern und darin lebenden Pflanzen und Tieren erfreuen. Zum Verständnis des Naturraumes gehört aber auch Wissen um Klima, Bodenformen und den Aufbau des geologischen Untergrundes, auf dem sich diese Hügelkette erhebt. Diese Standortfaktoren prägen den Charakter eines Gebiets, von dem viele Pflanzen und Tiere abhängen. Wie stark diese Abhängigkeiten sind, zeigt der Wandel in den Vegetationsformen des Waldes, der auffällt, wenn man vom Westabhang des Hainichs, von der Werra nach Osten zum Thüringer Becken wandert. Während das Klima im Werratal verhältnismäßig milde und niederschlagsarm ist, herrschen in den höheren Lagen des Hainichs rauhere Bedingungen mit 650-750 mm Jahresniederschlag und nur 6°-7° C mittlerer Jahrestemperatur. Vor allem an der Westflanke stauen sich die Luftmassen, während der Nordostabfall im Leegebiet des Höhenzuges wieder wärmer und trockener ist.

Ein „Fenster“ in die Erdgeschichte – der alte Steinbruch auf dem Kindel.

Die schmale Hügelkette erstreckt sich von Südosten nach Nordwesten und wird von einigen schildförmigen Erhebungen überragt, z.B. vom Rittergassenberg nordwestlich von Behringen mit 440 m, vom Alten Berg mit 494 m (höchste Erhebung des Hainichs) und vom Hohen Rode bei Eigenrieden mit 489 m ü.NN. Über den gesamten Höhenzug verläuft der Höhenwanderweg Rennstieg, der Eigenrieden mit Behringen verbindet.

In nordöstlicher und östlicher Richtung fällt der Höhenrücken zum Thüringer Becken hin bis auf ca. 200 m ü.NN ab. In diesen Abhang sind zahlreiche Tälchen eingesenkt. Teils sind es flache, in den meisten Fällen jedoch mäßig steilhängige Kerbtälchen. Eine Besonderheit sind hier zahlreiche Erdfälle und flache, zum Teil mit Wasser gefüllte Erdfallsenken. Sie gehen auf die Auslaugung sulfat- und steinsalzhaltiger Schichten im darunter lagernden Mittleren Muschelkalk zurück.

Steiler und abwechslungsreicher ist der Südwestabfall des Hainichs. Bedingt durch die in einer Millionen Jahre wirkende Erosionskraft des Wassers haben die Werra und ihre rechten Nebenbäche den Höhenzug „angenagt". So entstanden tiefeingeschnittene, steilhängig kurze Kerbtäler. Dazwischen liegen Kuppen und Bergriegel mit interessanten Felsbildungen.

Der Untergrund wird von der geologischen Schichtenfolge des Muschelkalks geprägt. Aus der Mühlhäuser Mulde des Thüringer Beckens auftauchend, steigen die Sedimentschichten steiler an als das Gelände, so daß zunächst ein 5 km breites Band des Oberen Muschelkalkes ausstreicht. Dem folgen ein schmaleres Band des Mittleren Muschelkalkes und schließlich ein 1 bis 5 km breiter Streifen des Unteren Muschelkalkes. Um den Alten Berg und den Otterbühl bedingt eine Aufwölbung der Muschelkalkschichten ein breites Ausstreichen des Wellenkalkes, um den ein schmaler Kranz von Mittlerem Muschelkalk gelagert ist. Einige kleine Steinbrüche vermitteln wie „Fenster" Einblicke in diese Schichten, so z. B. bei Craula und Hütscheroda.

Ein Wald auf reichen Böden

Im Hainich sind Verwitterungsprodukte des Oberen Muschelkalks am weitesten verbreitet. Hier treffen wir lehmige, wechselnd steinhaltige Tone von 0,6 bis 1 m Mächtigkeit an, unter denen tonreiche Kalkgesteine, Mergelkalke und Tonmergel liegen. Da noch heute Abtragungsvorgänge wirken, hat eine Entwicklung zu tiefgründigen Böden kaum stattgefunden. Nur in Senken, an Unterhängen, in Trockensohlen und am Ostrand des Gebietes treffen wir tiefgründige Böden an. Durch frühere Windverdriftung bildeten sich Lößdecken, in denen sich zum Teil reiche Böden gebildet haben, wie z. B. im Bereich der Thiemsburg, deren Umfeld eine bodenkundliche Besonderheit des Hainichs darstellt. Während in den meisten Gebieten Mitteleuropas der Mensch die Wälder auf die ärmsten Standorte, die für eine landwirtschaftliche Nutzung uninteressant waren, zurückdrängte, blieben im Hainich örtlich Laubwälder auf tiefgründigen Löß- und Lehmböden erhalten. Der Nationalpark bietet dadurch die einzigartige Chance, Waldentwicklungsprozesse auf solchen Standorten wissenschaftlich beobachten zu können. Die Ergebnisse werden mit Sicherheit unsere Kenntnisse von Waldökosystemen bereichern.

Karstquellen und Trockenbäche

Der Höhenzug des Hainichs stellt eine Wasserscheide dar. In südwestlicher Richtung wird das Gebiet in die Werra zur Weser hin entwässert, in nordöstlicher Richtung über die Unstrut in das Flußsystem der Saale und Elbe.

Natürliche Fließgewässer treten entsprechend dem Karstcharakter des geologischen Untergrunds sehr selten auf. In der Regel handelt es sich um sommertrockene Entwässerungstäler, die lediglich nach der Schneeschmelze und starken Gewitterregen Wasser führen und sich dabei tief eingegraben haben. Der wasserreichste Bachlauf ist der teils unterirdisch fließende Lauterbach. Auch dieser führt nicht ganzjährig Wasser. Der geologische Untergrund des Hainichs bedingt, daß große Wassermengen, die nicht verdunsten oder kurzfristig oberflächlich abfließen, im Boden versickern und entsprechend der Neigung der Muschelkalkschichten erst am Rande des Thüringer Beckens an Klüften in Form starker Karstquellen wieder an die Oberfläche treten, wie z.B. im Melchiorbrunnen und im Kainspring bei Oberdorla sowie in der Oberen und Unteren Golke bei Bad Langensalza. Die im Hainich bekannten Karsthöhlen harren noch der Erforschung.

Stehende Oberflächengewässer sind sowohl natürlichen als auch menschlichen Ursprungs, jedoch ausnahmslos von geringer Größe. Bei den natürlichen Gewässern handelt es sich um flache, nach unten abgedichtete Erdfallsenken. Wenn Erdfälle ständig Wasser halten, so hat sich an diesen Stellen meist ein kleinflächiger Erlenbruchwald eingestellt. Das größte natürliche Standgewässer liegt unmittelbar an der Thiemsburg. Ein fast geschlossener Ring von Schilf umgibt das kleine Gewässer: ein ungewöhnlicher Anblick auf einem Muschelkalkrücken.

Abbildung 3 – Seite 110 Lage des Hainichs im mitteldeutschen Raum (Ausschnitt einer Satellitenaufnahme – Landsat Data vom 04. 08. 1994, Copyright ESA, distributed by Dornier Satellitensysteme GmbH)

Abbildung 4 – Seite 111 Nationalpark Hainich mit den Schutzzonen I und II und den wichtigsten, im Nahbereich gelegenen Orten (Original F. Naumann)

Blauer Grund – die Untere Golke bei Bad Langensalza in vier Meter Wassertiefe.

Mühlhausen
Unstrut
Großengottern
Oberdorla
Niederdorla
Langula
Oppershausen
Diedorf
Heyerode
Kammerforst
Flarchheim
Mülverstedt
Schönstedt
Weberstedt
Bad
Langensalza
247
84
HAINICH
Schutzzone II
Schutz-
zone I
Nazza
Werra
Nationalpark
Craula
Mihla
Lauter-
bach
Bischofroda
Berka
Schutz-
zone I
NSG
Oester-
behringen
Behringen
84
Neukirchen
Eisenach
A 4

5. Viele „Wälder" in einem Wald

Ohne den Einfluß des Menschen wäre die natürliche Vegetation unserer Heimat großräumig von Wäldern geprägt, in denen die Rotbuche eine beherrschende Rolle spielt. Eine Folge der Landnahme in geschichtlicher Zeit war die Umwandlung weiter Landstriche in Äcker und Weiden. In den verbliebenen Wäldern war die Buche neben der Eiche zunächst als Mastbaum für das Weidevieh geschätzt, später jedoch mußte sie vielerorts großflächigen Nadelholzpflanzungen weichen, in denen Buchen nur noch hier und da eingesprengt sind. In einem Meer von Fichten und Kiefern nimmt im Frühjahr unser Auge das leuchtende Grün einzelner Buchen dankbar wahr, und das Kupferrot ihres Herbstlaubes hebt sich wohltuend vom Dunkelgrün der Nadelforsten ab. Ansehnliche Bestände der „Nährmutter des Waldes" blieben in Regionen erhalten, wo die Eigenschaften des Standorts, die Nutzungsinteressen des Grundeigentümers oder die Weitsicht des Forstmanns eine Umwandlung verhinderten. Dort bilden die silbergrauen Säulen des Buchendomes eine himmelhoch ragende Kulisse für blühende Teppiche aus Märzenbechern, Leberblümchen, Primeln, Anemonen und den anderen Boten des Frühlings.

Aber auch Nebelstimmungen im Spätherbst und tagelanger Frost mit dickem Rauhreif im Winter hinterlassen bei naturverbundenen Menschen unvergeßliche Eindrücke vom Buchenwald. Nicht nur aus ästhetischen Gründen stellt die Europäische Union Buchenwaldlebensräume Europas unter besonderen Schutz und fordert die Ausweisung von eigenen Schutzgebieten für Buchenwaldgesellschaften: Es ist vor allem die Seltenheit und Bedrohung dieser Wälder in weiten Teilen des relativ kleinen Verbreitungsgebiets der Rotbuche. Im Hainich finden wir noch die unterschiedlichsten Formen von Waldgesellschaften, in denen die Rotbuche eine dominierende Rolle spielt.

Buchenwälder auf Kalkgestein

Die rotbuchenreichen Wälder über Kalkgestein werden als **Kalkbuchenwälder** bezeichnet. Sie bilden keine einheitlichen Waldgesellschaften aus, sondern zerfallen im Hainich in zwei Haupttypen: Auf frischen bis mäßig trokkenen Standorten gedeihen gutwüchsige, hochstämmige Kalkbuchenwälder. Auf trockeneren Standorten hingegen wachsen weniger ertragreiche, dafür aber baumartenreichere, wärmeliebende **Kalkbuchenmischwälder**, deren Bodenflora sich von der frischer Buchenwälder so stark unterscheidet, daß beide Typen von den Vegetationskundlern als eigene Waldgesellschaften betrachtet werden. Von beiden gibt es wiederum zahlreiche Untergruppen, die wir später bei unserer botanischen Wanderung vorstellen wollen.

Eine Besonderheit der Kalkbuchenwälder ist ihr hallenartiger Aufbau. In ihrem Inneren kann man weit sehen, da wegen des Lichtmangels unter dem schattigen, dicht geschlossenen Kronendach keine Strauchschicht gedeiht. Erst wenn sich das dichte Kronendach lichtet (im Naturwald durch Zusammenbruch sterbender Baumriesen, im Wirtschaftswald infolge der Nutzung durch den Menschen), vermag die neue Baumgeneration, die in der Bodenvegetation kümmernd ausgeharrt hat, rasch emporzuwachsen. Unter der immer dichter werdenden Baumverjüngung gedeihen dann kaum noch Bodenpflanzen. Erst später können diese aus den lichteren Nachbarbeständen wieder einwandern. Die Samen werden durch Ameisen oder Wind transportiert. Sie können aber auch jahrzehntelang im Boden überdauern.

Da der Laubfall ein einschneidendes Ereignis im sommergrünen Laubwald ist, zeigt auch die Bodenflora einen auffälligen Wechsel im Gang der Jahreszeiten. Der Botaniker nennt die einzelnen Phasen Aspekte. Der Frühjahrsaspekt wird häufig von sogenannten Geophyten, zum Beispiel Märzenbecher, Anemonen und Leberblümchen beherrscht, die bei voller Belaubung der Bäume wieder verschwinden. Aus unterirdischen Zwiebeln, Wurzelstökken und Knollen beziehen sie ihre erste Kraft, um Blüten, Triebe und Blätter auszubilden. So können sie die optimalen Lichtverhältnisse zum Aufbau neuer Reservestoffe im noch unbelaubten Wald ausnutzen, um dann Sommer, Herbst und Winter in der Erde zu überdauern. Der Sommeraspekt des Buchenwaldes ist arm an augenfälligen Blüten, doch treten dann die Gräser stärker hervor, die erst im Verlaufe des Spätsommers ihre Früchte ausbilden. Da sie als Schattenpflanzen auch bei schwachem Licht gedeihen, bleiben sie bis zum Spätherbst grün. Alle Arten des Sommeraspekts können die relativ kurzen sommerlichen Trockenperioden ertragen.

Gras- und kräuterreiche Kalkbuchenwälder entsprechen den typischen Verhältnissen. Sie stellen das ökologische Verbreitungsoptimum der Rotbuche dar. Unter dem Kronendach der Baumschicht lebt eine artenreiche Bodenflora, die seit langem die Botaniker in ihren Bann gezogen hat und die Ursache dafür ist, daß Kalkbuchenwälder besser untersucht wurden als andere Waldtypen. In der Krautschicht befinden sich fast nur mehrjährige Pflanzen, die mit Hilfe der in Wurzelstöcken, Knollen und Zwiebeln gespeicherten Reservestoffe des Vorjahrs im Frühling besonders rasch austreiben können. Dabei bilden sich oft erst die Blüten und danach der Großteil der Blätter, mit denen sie auch nach der Samenreife assimilieren, um die Speicherorgane für das kommende Jahr erneut zu füllen und neue Knospen anzulegen. Einige von ihnen sind wintergrün, wie z. B. das Leberblümchen oder die Haselwurz.

Die Zwiebelzahnwurz gibt einer Waldgesellschaft ihren Namen (Zahnwurz-Buchenwald).

Mit Botanikern unterwegs

Der botanisch interessierte Besucher des Nationalparks wird vor allem von den beeindruckenden Waldbildern begeistert sein, die sich durch eine bemerkenswerte Natürlichkeit in ihrer Artenzusammensetzung und Bestandsstruktur auszeichnen. Wer floristische Besonderheiten sucht, sollte aber auch über die Nationalparkgrenzen hinaus wandern und die Randbereiche des Höhenzuges wie etwa die Craulaer Heide oder das Werratal in seine Exkursionen einbeziehen.

Wenn man den Hainich von Ost, also vom Thüringer Becken beginnend, nach West durchquert, so kann man auffällige Änderungen der Bodenflora von den östlichen, an das trockenwarme Thüringer Becken angrenzenden Randbereichen zu den durch höhere Niederschläge geprägten mittleren und westlichen Teilen des Muschelkalkhöhenzuges studieren. Allgemein herrschen mitteleuropäische Arten mit subatlantischer Verbreitung vor. Buchenwälder spielen auf fast allen Standorten die dominierende Rolle. Nur in den östlichen Randbereichen, z. B. im Bad Langensalzaer Stadtwald in der Nähe der Thiemsburg, konnte sich die Traubeneiche, gefördert auch durch historische Waldnutzungsformen wie Waldweide, behaupten. Mittelwaldwirtschaft und Waldweide drängten die Buche zurück und förderten artenreiche Waldbilder, die heute u. a. durch Eichen, Hainbuchen, Linden, Ahornarten und Elsbeeren in beachtlichen Dimensionen beeindrucken. So finden sich an der Thiemsburg die mit 800 Jahren ältesten und dicksten Eichen des Nationalparks. Auch zahlreiche licht- und wärmeliebende Arten sind Überbleibsel aus der Zeit der Waldweidewirtschaft.

Auf unserem Weg von den tieferliegenden Randbereichen zu den höchsten Teilen des Höhenzuges beobachten wir vereinzelt bereits ab 300 m, häufiger aber dann ab etwa 400 m Meereshöhe Gewächse, die in Thüringen ihr Hauptvorkommen in den Mittelgebirgen besitzen. Hierzu zählen zum Beispiel die Zwiebelzahnwurz mit ihren weißen bis zartrosa Blüten und den markanten bräunlich-violetten Brutzwiebeln in den Blattachseln und die Quirlweißwurz. Vereinzelt trifft man auch den Roten Holunder, die Weiße Pestwurz und das Berg-Rispengras.

Die vorherrschende Waldgesellschaft des Hainichs ist der **Waldgersten-Buchenwald**, den man als Leitgesellschaft des Höhenzuges ansehen kann. Dieser krautreiche Kalkbuchenwald auf frischen Böden ist für die Muschelkalkhügelländer bezeichnend, kommt aber nirgendwo in Mitteldeutschland in solch großen zusammenhängenden Beständen vor wie im Hainich. Vornehmlich die flachen Höhenrücken und die weniger steil geneigten Hangpartien werden von ihm besiedelt. Die Baumschicht der Waldbestände wird von der Rotbuche beherrscht, der mit unterschiedlichen Anteilen vor allem Edellaubhölzer wie Esche und Bergahorn, seltener auch Spitzahorn und Bergulme, beigesellt sind. Doch wissen wir nichts über ihre Anteile unter natürlichen Bedingungen, d.h., in den vom Menschen unbeeinflußten Urwäldern. Im Gegensatz zu den bodensauren Buchenwäldern spielt die Eiche in diesen Wäldern keine Rolle. Die Strauchschicht ist auf Grund der dicht schließenden Baumkronen meist nur spärlich entwickelt. Neben dem Jungwuchs der Baumarten gedeihen hier der geschützte Seidelbast, die Rote Heckenkirsche und zwei Weißdorn-Arten. Die Krautschicht ist dagegen besonders in den älteren Beständen üppig entfaltet. Neben der namengebenden Waldgerste sind Haselwurz, Einblütiges Perlgras, Goldnessel und Waldbingelkraut verbreitet, wobei die letztgenannte Art besonders an kühl-schattigen Unterhangpartien vorherrscht (auch als **Waldbingelkraut-Buchenwald** bezeichnet). Der Frühling beschert hier dem Naturfreund Blütenwunder aus Buschwindröschen, Leberblümchen, Frühlingsplatterbse, Waldveilchen und vielen anderen Arten, denen später im Jahr z. B. die stattliche Türkenbundlilie, die geschützte Akelei und die Nesselblättrige Glockenblume folgen. Bereits ab März blüht die Grüne Nieswurz in den Buchenwäldern des Hainichs, die trotz ihrer grasgrünen Blüten die Aufmerksamkeit des Beobachters auf sich zieht. Das giftige Hahnenfußgewächs wurde früher als bäuerliches Tierheilmittel genutzt. Unsere Kenntnisse über die Verbreitung von Moosen, Flechten und Pilzen in den Wäldern des Nationalparks sind leider noch sehr spärlich. Von der künftigen Forschung sind gerade bei diesen Pflanzengruppen noch Überraschungen zu erwarten. Der Reichtum an Pilzen und Moosen fällt besonders in den totholzreichen Altbeständen des Weberstedter, Schönstedter und Mülverstedter Holzes ins Auge.

Unterschiede in den Bodenverhältnissen und im Kleinklima der verschiedenen Standorte bedingen eine feine Untergliederung des Waldgersten-Buchenwaldes. Die bereits genannten Arten mit Verbreitungsschwerpunkt im Bergland charakterisieren die Höhenform dieses Waldtypes, die gelegentlich auch als eigene Gesellschaft (**Zwiebelzahnwurz-Buchenwald**) betrachtet wird.

An stärker geneigten, flachgründigen Hangpartien, insbesondere am steileren Westrand des Hainichs, geht der Waldgersten-Buchenwald in **Orchideen-Buchenwald** über. In diesem im Nationalpark meist nur kleinflächig entwikkelten **Kalkbuchentrockenwald** tritt das zierliche Maiglöckchen häufiger auf. Bezeichnend sind weiterhin wärme- und lichtliebende Orchideen wie Weißes und Rotes Waldvögelein, Nestwurz und verschiedene Sitter-Arten. So kann man fast alle Sitter-Arten Deutschlands im bzw. am Nationalpark Hainich beobachten.

Abbildung 5
Querschnitt durch den Nationalpark von West (Flußtal der Werra) nach Ost (Thüringer Becken) mit den beherrschenden Buchenwaldgesellschaften.

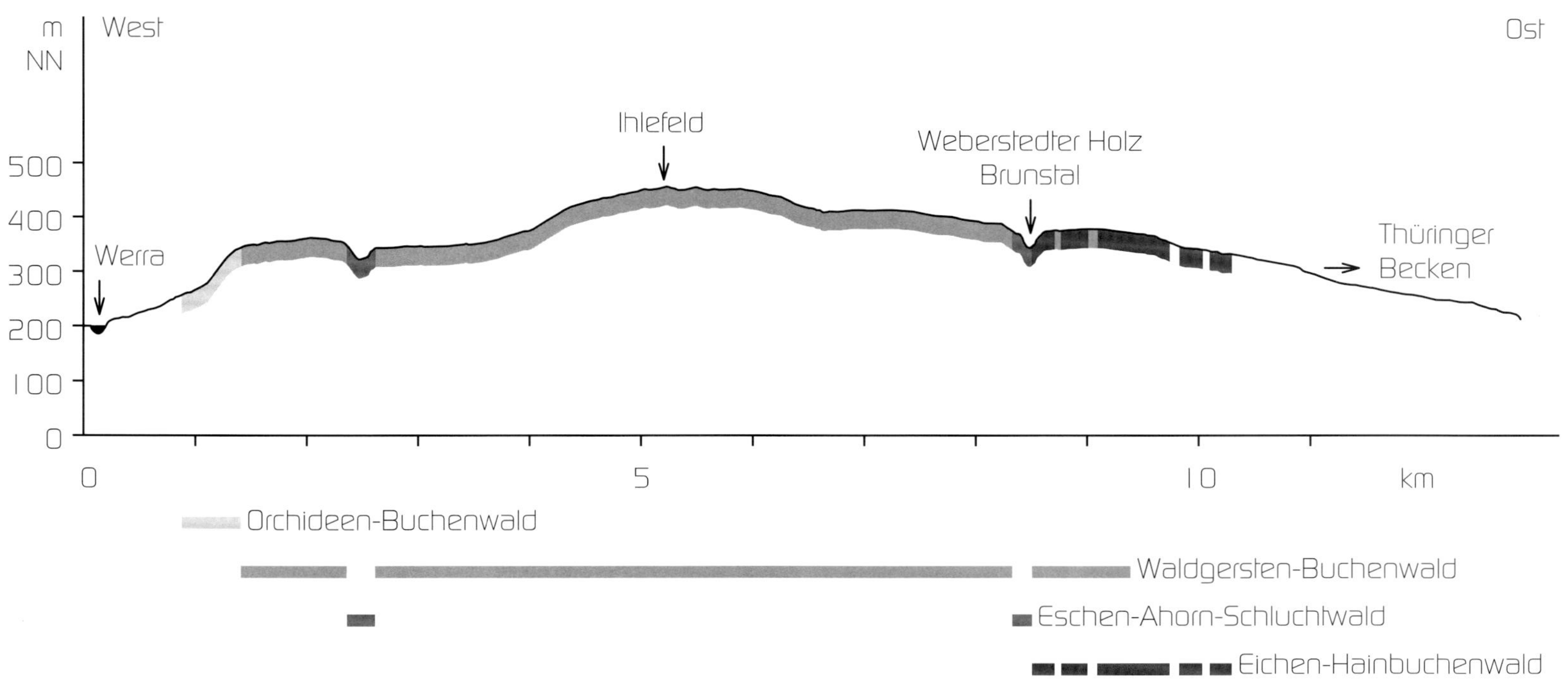

Bezeichnend für den Hainich sind auch die zahlreichen Trockentäler, die nur wenige Tage im Jahr Wasser führen. Frühjahrsblüher bilden an Unterhängen und auf ihren Sohlen dichte Blütenteppiche aus den roten oder weißen Blüten des Hohlen Lerchensporns, den gelben Farbtönen von Scharbockskraut, Wald-Goldstern, Gelbem Windröschen und Hoher Schlüsselblume. Stellenweise bildet der weißblühende Bärlauch im Mai dichte grüne Matten. Sie verschwinden aber rasch, nachdem das Laubdach geschlossen ist. Auch der geschützte Märzenbecher besitzt mehrere beachtlich große Vorkommen. Kleinflächig wird an derartigen Standorten die Buche in der Baumschicht von Esche, Bergahorn und Bergulme weitgehend abgelöst, und es vollzieht sich ein Vegetationswandel zum **Eschen-Ahorn-Schlucht-** und **Schatthangwald**.

In den auf etwas stärkeren Lößdecken wachsenden **Waldmeister-Buchenwäldern** fehlen meist die charakteristischen Kalk-Zeigerpflanzen. Sie weisen ebenfalls je nach Standort feine Unterschiede auf. Häufig dominiert in ihrer Krautschicht das Einblütige Perlgras. An oberflächlich versauerten Partien treten gelegentlich Säurezeiger auf, wie das atlantische Erdbeer-Fingerkraut, das Schattenblümchen, die Behaarte und die Schmalblättrige Hainsimse sowie die normalerweise auf Kalk fehlende Heidelbeere. An Standorten mit hoher Luftfeuchtigkeit können verschiedene Farnarten größere Bestände bilden.

Wir befinden uns auf unserem Rückweg von diesen Buchenwaldgesellschaften im Westen des Nationalparks und wollen noch einmal den östlichen und südöstlichen Randbereich zum Thüringer Becken aufsuchen. Wir erreichen zunächst **buchenreiche Eichen-Hainbuchenwälder**, die im noch trockeneren Ostteil des Schutzgebiets in den gemäßigt kontinentalen, **winterlindenreichen Eichen-Hainbuchenwald** übergehen. Licht- und wärmeliebende Arten wie die Bergsegge, der Verschiedenblättrige Schwingel, die Ebensträußige Margerite und der Hainwachtelweizen nehmen deutlich zu. Auch durch die wachsende Mächtigkeit der Lößauflage wird die Zusammensetzung der Vegetation beeinflußt. Im Grundbestand aus Eichen erreichen Winterlinde, Vogelkirsche, Feldahorn und Elsbeere zunehmende Anteile. In der Bodenflora finden wir vor allem Waldlabkraut, Echte Sternmiere, Erdbeer-Fingerkraut, Waldreitgras und örtlich auch Kleines Immergrün. Auf schweren Böden herrscht die Stieleiche vor, für die Bodenflora sind Wechselfeuchtezeiger wie Rasenschmiele, Hohe Schlüsselblume, Waldsegge und Fuchssches Knabenkraut bezeichnend.

Naturferne Forsten nehmen im Hainich erfreulicherweise nur einen auffallend geringen Anteil ein, wobei vor allem Fichten, Kiefern (häufig randlich auf ehemaligen Triften), Lärchen und Pappeln gepflanzt wurden. Entsprechend der Nationalparkzielstellungen sollen diese standortfremden Arten verschwinden und auf den freiwerdenden Flächen Raum für eine natürliche Wiederbewaldung durch typische Laubwaldarten geben.

Blütenpracht in offener Landschaft

Eng verzahnt mit den Wäldern sind Vorwälder, Gebüschgesellschaften, Schlagfluren und Waldsäume, die auf den ehemaligen Truppenübungsplätzen, besonders im Kindel, auch auf größerer Fläche auftreten. Besonders auf den nicht mehr genutzten Offenflächen vollziehen sich interessante Entwicklungen (Sukzession) zur natürlichen Vegetation. Mit faszinierender Geschwindigkeit erobern **Eschen-Bergahorn-Vorwälder** ehemalige Waldareale zurück. Bemerkenswert ist vor allem, daß auf diesen Freiflächen selbst die Buche sehr gut wächst. Daneben spielen auch **Salweiden-** und **Schlehen-Weißdorn-Gebüsche** eine bedeutende Rolle als Vorreiter der Wiederbewaldung. Auf den noch vorhandenen Offenflächen der Truppenübungsplätze herrschen meist verschiedene grasreiche Sukzessionsstadien vor, wie verschiedene Stadien von Halbtrockenrasen, von Frischweiden und der **Landreitgras-Schlagrasen**, die oft bereits in Verbuschung begriffen sind. Auch Schlagfluren wie die **Tollkirschen-Schlagflur** – eine für den Hainich charakteristische Gesellschaft der Kahlschläge und Waldauflichtungen – kann man hier beobachten. An den südlich und westlich exponierten Waldrändern besitzt der **Klee-Odermennig-Saum** seinen Verbreitungsschwerpunkt.

Floristisch sehr interessant sind die zahlreichen Tümpel in den alten Panzerfahrspurrinnen. Neben verbreiteten Wasser- und Sumpfpflanzen enthalten sie auch bemerkenswerte Arten der Zwergbinsen-Gesellschaften wie Schlammling, Zierliches Tausendgüldenkraut und sehr selten den Ysop-Blutweiderich, welche im Laufe der Sukzession jedoch bald verdrängt werden. Zu den Sonderstandorten des Gebietes zählen vor allem Erdfälle, die vornehmlich im Bereich der flachen Ostabdachung des Hainichs auftreten. Sie sind oft wenigstens zeitweise wassergefüllt und weisen eine Vegetationsvielfalt auf, die von Schwimmblatt-Gesellschaften über Röhrichte und Großseggenriede bis hin zu Erlenbrüchen reicht.

Blauer Natternkopf und gelbe Färberkamille blühen am Trockenhang.

Den zusammenhängenden Waldkomplex des Nationalparks umgibt als mehr oder weniger geschlossener Gürtel eine reich strukturierte Kulturlandschaft, die botanisch fast ebenso reichhaltig ist. Ackerflächen, Frischwiesen und -weiden sind von einem noch gut erhaltenen Netz von Streuobstbeständen, Einzelbäumen und streifenförmigen Flurgehölzen durchzogen. Wertvoll sind darunter die Kalkhalbtrockenrasen und Wacholderbestände im Gebiet der Craulaer Heide. Es dürfte sich um die größten **Schillergras-Wacholder-Gebüsche** außerhalb der Rhön handeln, die von ausgedehnten **Enzian-Schillergras-Halbtrockenrasen** durchsetzt sind. Charakteristische Arten sind die Gräser Furchenschwingel, Pyramiden-Schillergras und die Fiederzwenke und unter den Kräutern Deutscher- und Fransenenzian, Stengellose Kratzdistel, die geschützte Silberdistel und die Dornige Hauhechel. Hervorzuheben sind z.B. die Vorkommen des Katzenpfötchens und des Kleinen Knabenkrautes.

Ein weiterer floristischer Höhepunkt ist die einstweilig als Naturschutzgebiet gesicherte „Binsenwiese“ an der Südwestflanke des Hainichs mit Erdfällen, sehr artenreichen Feuchtwiesen und **Großseggen-Rieden**. Neben **Kohldistel-Wiesen** treten sogar **Pfeifengras-Wiesen** auf mit den stark gefährdeten Orchideenarten Sumpfsitter und Breitblättriges Knabenkraut sowie den seltenen Seggenarten Torf- und Filzsegge.

Die zartrosa Blüten der Moschusmalve erscheinen im Sommer.

6. Tierleben im Nationalpark

Tips für das Beobachten von Säugetieren

Einige Säugetierarten sind in historischer Zeit aus dem Hainich und seinem Umfeld verschwunden. An den Biber, der wahrscheinlich erst im frühen Mittelalter ausgerottet wurde, erinnert noch der Biberbach bei Friedrichswerth. Von den ausgestorbenen Arten hatte wohl der Fischotter am längsten seinen Platz in der Fauna des Hainichumfelds – in den Einzugsgebieten von Unstrut und Werra. Er verschwand dort erst in den fünfziger Jahren dieses Jahrhunderts.

Die Chancen, im Hainich heimische Wildarten oder kleinere Säuger zu sehen, sind nicht gerade sehr groß. Durch die bisherigen Formen der Bejagung sind alle Wildarten sehr scheu und zumeist nachtaktiv geworden. Der sogenannte „Nationalparkeffekt“, der das Vertrautwerden vieler Tierarten in der Folge der Jagdruhe beinhaltet, kann in dem sehr jungen Nationalpark vorerst noch nicht erwartet werden. Hinzu kommt, daß die dichten Laubwälder allen Tieren außerordentlich gute Deckung bieten. Trotzdem lohnt es sich, am frühen Morgen oder in der Abenddämmerung nach Wild Ausschau zu halten. An eingesprengten Waldwiesen, wie am Reckenbühl oder am Ihlefeld, aber auch an den Rändern zur Feldflur sind Wildbeobachtungen am aussichtsreichsten. Welche Arten sind im Hainichwald überhaupt anzutreffen?

Halbwüchsige Füchse spielen an ihrem Bau.

In den siebziger Jahren wurde Damwild eingebürgert, das in Deutschland nicht heimisch ist. Es besiedelt heute das gesamte Gebiet. Da in Nationalparken ausschließlich die bodenständige Fauna vertreten sein darf, sollte daher diese Art zugunsten des heimischen, von selbst eingewanderten Rotwilds allmählich wieder zurückgedrängt werden. Wildschweine und Rehwild sind häufig, so daß sie mit etwas Glück noch am leichtesten zu beobachten sein werden. Fuchs, Dachs und Steinmarder sind im Hainich überall verbreitet. Seltener ist der Iltis, der Wassernähe bevorzugt. Auch Mauswiesel und Hermelin, die Steinwälle und Hecken als Verstecke nutzen, wird man eher an ihren charakteristischen Spuren im Schnee als durch Anblicke nachweisen können. Vom Baummarder gibt es vereinzelte Beobachtungen. Schon vor geraumer Zeit ist der Waschbär aus Hessen zugewandert und wird seitdem regelmäßig festgestellt. Ob es gelingt, diesen versteckt lebenden, schwer zu bejagenden Fremdling wieder auszurotten, ist eher zu bezweifeln, und man wird künftig mit dieser neuen Art im Nationalpark zurechtkommen müssen. Fuchs und Dachs sind wohl am ehesten vom Ansitz an einem ihrer Baue zu sehen. Besonders wenn Jungtiere dort spielen, kann man sogar am Tage Glück mit der Beobachtung von Jungfüchsen haben. Selbst die Wildkatze sucht im Hainich gern Fuchsbaue zur Tagesruhe auf.

Auf leisen Sohlen durch den Laubwald – Wildkatzen im Hainich

Die Wildkatze ist ein besonderes Kleinod der Säugetierwelt des Hainichs. Während diese scheue, vom Aussterben bedrohte Art aus weiten Teilen ihres einstigen Areals verschwunden ist, erstreckt sich das verbliebene Verbreitungsgebiet von Harz und Kyffhäuser nach Süden über das Werra-Weserbergland auf alle bewaldeten Randplatten des Thüringer Beckens einschließlich des Hainichs. Das Nationalparkgebiet bildet einen Schwerpunkt des Thüringer Wildkatzenvorkommens, wohl auch, weil es durch Wege, Straßen und Siedlungsräume nicht zerschnitten ist. Was lag daher näher, als gerade hier ein Forschungsprojekt ins Leben zu rufen, in dessen Rahmen einige Wildkatzen im Hainich gefangen und mit kleinen Halsbandsendern versehen wieder freigelassen wurden. Der Wildkatzenforscher Thomas Mölich, der diese moderne Methode der Telemetrie benutzt, erhielt inzwischen spannende neue Einsichten in Verhalten, Raumbedarf und Eigenheiten des Lebensraums dieser heimlichen Art.

Es stellte sich heraus, daß Wildkatzen einerseits die lückigen Jungwaldbereiche des Kindels wegen ihres Nahrungsreichtums aufsuchen, und daß andererseits die alten höhlenreichen Waldteile mit ihrem Totholzreichtum von großer Bedeutung sind, da sie zu allen Jahreszeiten die nötigen Verstecke bieten. Besonders beliebt sind auch üppige Heckenlandschaften und Buschwaldzonen, wo die natürliche Wiederbewaldung in vollem Gange ist. Als Tagesversteck und Ruheplatz werden sie dann genutzt, wenn in enger Nachbarschaft mäusereiches Grasland vorhanden ist. Hier wurden durch Ökologen der Jenaer Universität auch Untersuchungen von Mäusen und anderen Kleinsäugern begonnen, die Auskunft über die Nahrungsgrundlage der Wildkatze im Hainich geben sollen. Nach Süden reichen Nachweise der Wildkatze bis in die Hörselberge hinein. Nach Norden besteht Verbindung zu den Wildkatzenvorkommen des Eichsfeldes.

Die Telemetrie ergab, daß eine weibliche Wildkatze etwa 200 ha Fläche als Wohngebiet braucht. Kater haben dagegen mit 600-800 ha wesentlich größere Raumansprüche. Durch Überlappung der Wohngebiete mehrerer Kater und Katzen kann ihre Siedlungsdichte in den günstigsten Lebensräumen hohe Werte erreichen. Im gesamten Hainich ist Raum für 20-30 Wildkatzen.

Erwachsene Wildkatze

Überraschend war auch, daß einzelne Kater große Wanderungen unternahmen und sich in über 20 km Entfernung vom Fangort neu ansiedelten, während die Mehrzahl der Tiere recht standorttreu ist. Gerade die wandernden Tiere sind beim Überqueren von Straßen in hohem Maße gefährdet. Für nötige Schutzmaßnahmen lassen sich daraus wichtige Schlußfolgerungen ziehen.

Bei Nacht unterwegs – Fledermäuse und Schläfer

Das reiche Angebot an unterschiedlichsten Baumhöhlen und -spalten in den alten Waldbeständen, besonders in den lange Zeit nur sporadisch genutzten Laubmischwäldern des ehemaligen Truppenübungsplatzes Weberstedt, bietet waldbewohnenden Fledermäusen äußerst günstige Lebensbedingungen. Die angrenzenden vielgestaltigen, wärmebegünstigten Jungwälder und Offenlandbereiche stellen wegen ihres Insektenreichtums optimale Jagdgründe dar. Erdfälle, Spalten, Höhlen und Klüfte im Muschelkalk werden von verschiedenen Fledermausarten als ideale Winterquartiere bezogen.

Trotz dieser günstigen Bedingungen blieb die Fledermausfauna des Hainichs bis in jüngste Zeit fast unbekannt. Erst 1995 wies der Fledermausforscher Martin Biedermann durch Netzfang und die Analyse der im Ultraschallbereich liegenden artspezifischen Lautäußerungen neun Fledermausarten nach. Davon sind immerhin acht in den Roten Listen Thüringens zu finden! Verschiedene Arten fliegen im Spätsommer verstärkt vor Höhleneingängen und Klüften. An einer Muschelkalkspalte am Westabfall des Hainichs gelang es im August beim abendlichen Aus- und nächtlichen Einschwärmen, sechs Arten mit Netzen zu fangen und zu bestimmen: Braunes Langohr, Wasserfledermaus, Großes Mausohr, Fransenfledermaus, Kleine Bartfledermaus und Bechsteinfledermaus. Die in Thüringen stark gefährdete baumhöhlenbewohnende Bechsteinfledermaus scheint im Hainich besonders günstige Bedingungen vorzufinden.

Solange im Juni und Juli die Wochenstuben bestehen, kann man außerdem über Offenflächen des Kindels und entlang der strukturreichen Waldsäume die überwiegend hausbewohnenden Arten Breitflügelfledermaus und Zwergfledermaus beobachten. Über Waldlichtungen und Taleinschnitten, besonders über den waldfreien Flächen des Kindels jagen vereinzelt Abendsegler. Ende August sind die balzenden Abendseglermännchen aus ihren Baumhöhlen in Buchen zu hören, wenn man ein Ultraschallgerät als „Übersetzungshilfe“ einsetzt. Bereits die ersten Resultate der 1995 begonnenen Fledermauserfassung belegen die überragende Bedeutung des Hainichs für den Schutz bedrohter Fledermausarten.

Darüber hinaus wurden bei den Baumhöhlenkontrollen auch mehrfach Siebenschläfer und Haselmaus gefunden. Beide Arten, die zu den Schlafmäusen oder Bilchen gehören, sind überwiegend nachtaktiv und daher schwer zu beobachten. Die Pflanzenartenvielfalt im Laubwald, aber auch die zahlreichen alten Obstbaumbestände entlang der Waldränder rund um den Hainich bieten den Schläfern besonders günstige Lebensbedingungen.

Vogelkundler auf Hainichtour

Die vielfältig gemischten Laubwälder des Nationalparks und die sie umgebenden Flächen mit ihren aufgelockerten Busch- und Baumbeständen beherbergen eine ausgesprochen reichhaltige Vogelwelt. Ornithologen stellten bislang im Hainich und seinem Umfeld 135 Arten fest. Davon brüten immerhin 105 im Gebiet, dies entspricht gut der Hälfte aller bislang in Thüringen nachgewiesenen Brutvogelarten – für einen so eng begrenzten Raum eine erstaunlich hohe Zahl! Rund 30 weitere Arten treten regelmäßig als Nahrungsgäste auf oder besuchen das Gebiet auf ihrem Durchzug im Winterhalbjahr. Etwa 50 Brutvogelarten sind an geschlossene Wälder gebunden. Der Rest bewohnt aufgelockerte Biotope und Freiflächen. Im Hainich ausgestorben ist der Steinsperling, der noch um die Jahrhundertwende an der Burg Haineck bei Nazza brütend angetroffen wurde.

Wir treffen uns mit einem Mitarbeiter der Nationalparkverwaltung zur ornithologischen Exkursion durch den Nationalpark und möchten dabei von Nord nach Süd alle typischen Waldentwicklungsstufen besuchen (Abb. 6). Je früher am Morgen wir beginnen, um so größer sind die Beobachtungschancen. Viele Arten können wir nur durch ihren Gesang nachweisen, und gerade die für den Hainichwald besonders typische Gruppe der Spechte ist nur am zeitigen Morgen aktiv. Nach ihren charakteristischen Rufen und durch ihr Trommeln lassen sich die Spechtarten gut unterscheiden, auch wenn man sie nicht sieht. Vom Thüringer Becken kommend, überschreiten wir den Eichenbach und erreichen am Gotternschen Holz vielgestaltigen Laubmischwald. Bereits am Waldrand, aber auch später an der Grenze zu den größeren Freiflächen, haben wir die Chance, Grün- und Grauspecht zu hö-

Abbildung 6
Querschnitt durch den Nationalpark von Süd (Kindel) nach Nord (Gotternsches Holz) mit einer Auswahl der dort anzutreffenden Vogelarten vom offenen Grasland über Buschzonen und Jungwälder hin zum Altbestand, der durch sterbende und zusammenbrechende Bäume schon Lücken zeigt.
N – Nahrungssuche
B – Brutgebiet

Mäusebussard (N)
Rotmilan (N)
Wespenbussard (N)
Wiesenweihe (N)
Turm-, Baumfalke (N)
Rebhuhn (B, N)
Wachtel (B, N)
Wachtelkönig (B, N)
Bekassine, Brachvogel (B, N)
Flußregenpfeifer (B, N)
Feldschwirl (B, N)
Schwarz-, Braunkehlchen (B, N)
Steinschmätzer (B, N)
Grauammer (B, N)

Sperber (N)
Habicht (N)
Wespenbussard (N)
Baumfalke (N)
Turmfalke (N)
Birkhuhn (B, N)
Uhu (N)
Waldschnepfe (N)
Kuckuck (B, N)
Baumpieper (B, N)
Grauspecht (N)
Grünspecht (B, N)
Wendehals (B, N)
Neuntöter (B, N)
Raubwürger (B, N)
Heckenbraunelle (B, N)
Garten-, Mönchsgrasmücke (B, N)
Klapper-, Dorngrasmücke (B, N)
Rotkehlchen (B, N)

Schwarzstorch (B, N)
Rotmilan (B)
Habicht, Sperber (B, N)
Baum-, Turmfalke (B)
Waldkauz (B, N)
Waldschnepfe (B, N)
Hohltaube (B)
Grau-, Grünspecht (B)
Schwarzspecht (B, N)
Mittel-, Kleinspecht (B, N)
Gartenrotschwanz (B, N)
Zwergschnäpper (B, N)
Waldlaubsänger (B, N)
Kernbeißer (B, N)
Kleiber (B, N)
Sommergoldhähnchen (B, N)
Kolkrabe (B)
Pirol (B, N)

ren oder zu sehen. Als „Erdspechte" suchen sie ihre Nahrung gern am Boden, indem sie die Bauten der Wiesenameisen plündern. Wo alte Obstplantagen dem Wald vorgelagert sind, kann man mit etwas Glück auch die Rufe des selten gewordenen Wendehalses hören. Am Rande des Hainichs ist er noch ein verbreiteter Sommergast.

Spechte sind wie nur wenige andere Vögel auf alte und totholzreiche Wälder angewiesen. Dort zimmern sie ihre Höhlen und finden reiche Nahrung in kranken und absterbenden Bäumen. Einige Arten suchen bevorzugt die rauhe Borke mancher Laubbäume ab. Die jahrzehntelang nur extensiv genutzten Waldteile des Hainichs, wie wir sie im Weberstedter Holz in besonders reicher Ausprägung finden, sind gerade für Spechtbeobachtungen besonders günstig. Tatsächlich wurden hier neben den erwähnten Erdspechten vier weitere Spechtarten, z.T. in beachtlicher Dichte, nachgewiesen. Am häufigsten gelangen Nachweise des Buntspechts, gefolgt von dem nur sperlingsgroßen Kleinspecht.

Auch der sonst seltene Mittelspecht ist im Hainich verbreitet. Im Gegensatz zu dem ähnlich aussehenden Buntspecht stellt er recht hohe Ansprüche an seinen Lebensraum und ist daher vielerorts völlig aus den Wäldern verschwunden. Er bevorzugt grobborkige Laubbaumarten, besonders Eichen, aber auch Linden, Elsbeeren und alte Ahorne sind für ihn attraktiv. Der Grund dafür liegt in der Art seines Nahrungserwerbs: Der Mittelspecht sucht seine Nahrung nicht hackend wie andere Spechte, sondern sammelt sie aus den tiefen Furchen und Ritzen der Borke. Acht alte, grobrindige Bäume pro Hektar benötigt er als Minimum, damit er Nachwuchs aufziehen kann. Die Bruthöhlen dieses Spechts findet man nicht ausschließlich in Eichen, wie oft angenommen wird, sondern auch in abgebrochenen, z.T. in toten Buchen. Im Hainich kann immerhin mit 10-15 Brutpaaren gerechnet werden.

Inzwischen haben wir auf unserer Exkursion den Alten Berg erreicht. Hier hören wir die wiehernden Rufe eines Schwarzspechts und sehen ihn vom Stamm einer alten Randbuche abfliegen. Unser größter Specht bewohnt in etwa gleicher Anzahl wie der Mittelspecht das Gebiet. In langschäftigen, über 100jährigen Buchen legt er seine geräumigen Bruthöhlen an, die später vielen anderen Nachnutzern wie Hohltaube, Rauhfußkauz und Kleiber, aber auch baumhöhlenbewohnenden Fledermausarten, Mardern, Bilchen, ja selbst Rosenkäfern, Wildbienen und Hornissen als Platz für die Brut und Jungenaufzucht oder als Versteck dienen. Je nach Nahrungsangebot dürfte das Wohngebiet eines Schwarzspechtpaares im Hainich zwischen 60 und 200 ha Fläche einnehmen.

Wir rasten am Rande eines Buchenaltholzes, und der Blick gleitet über die üppig aufwachsenden Jungwälder und das verbuschte Offenland des ehemaligen Truppenübungsplatzes Kindel, dessen Betreten erst gestattet werden kann, wenn er von Munition gesäubert ist. Mit viel Glück kann von hier aus gelegentlich der scheue Schwarzstorch beobachtet werden, wenn er von der Nahrungssuche zurückkehrend sein verstecktes Brutgebiet ansteuert. Seit 1994 nistet dieser Waldstorch, der mehr als einhundert Jahre lang in Thüringen fehlte, wieder erfolgreich in den Wäldern des heutigen Nationalparks, obwohl das Muschelkalkgebiet insgesamt arm an stehenden und besonders an fließenden Nahrungsgewässern ist und er dadurch seine Beute über größere Strecken herantragen muß. Er nutzt den Reichtum an Lurchen und großen Insekten, die er im Offenland des Kindels, aber auch in den alten Waldbeständen zu finden weiß. Regelmäßig sucht er zum Nahrungserwerb die wassergefüllten Erdfälle oder auch Teiche des Nationalparkumfeldes auf.

Die Tageszeit ist fortgeschritten, und fast alle Vögel sind verstummt, bis auf einen Zilpzalp, der seine einfachen Strophen unermüdlich aneinanderreiht. Unser Exkursionsleiter nennt uns daher die Fülle der weiteren für Buchenwälder des Nationalparks charakteristischen kleineren Vogelarten, die wir gerade nicht hören oder sehen. Viele davon besiedeln vor allem die deckungsreichen Jungwaldungen des Kindels, wie z. B. Mönchs- und Gartengrasmücke, Waldlaubsänger, Trauerschnäpper, Gelbspötter und verschiedene Meisenarten. Im Mai 1994 soll sogar der Nachweis eines singenden Zwergschnäppers gelungen sein, der hier an seiner westlichen Verbreitungsgrenze außerordentlich selten ist. Wegen seines unauffälligen Lebens in den höchsten Wipfeln wird er aber auch oft übersehen. Dem Kenner verrät er sich dennoch durch seinen lauten, charakteristischen Gesang.

Im Stammbereich der Laubbäume suchen neben den Spechten Wald-, Gartenbaumläufer sowie Kleiber ihre Nahrung. Besonders in feuchteren Laubwaldpartien nistet die Waldschnepfe. Von April bis weit in den Juni hinein kann sie in der Abenddämmerung überall im Hainich bei ihren auffälligen Balzflügen beobachtet werden, bei denen sie ihr charakteristisches „Quorren" und „Pfüitzen" hervorbringt.

Die Altbuchenbestände in unserem Rücken bieten mit ihren hohen Baumwipfeln zahlreichen Greifvogelarten Brutmöglichkeiten. Von den auf der Roten Liste Thüringens aufgeführten Arten kommen im Nationalparkgebiet regelmäßig Rotmilan, Habicht, Sperber und Wespenbussard vor. In den Randbereichen zu Offenlandschaften, auch gerade am Alten Berg und an der Craulaer Flur, jagt der selten gewordene Baumfalke, ein eleganter Flieger,

Wespenbussard – heimlicher Brüter im Nationalpark.

der ebenso geschickt Großinsekten wie rasch fliegende Vögel – sogar Schwalben – im Flug zu erbeuten vermag. Der Wanderfalke besucht das Nationalparkgebiet nur selten vom Werratal aus. Seit einigen Jahren besiedelt der Kolkrabe wieder die Hainichwälder. Dieser größte Vertreter der Rabenvögel baut seine Horste sehr versteckt mit Vorliebe in hohen Rotbuchen im Waldesinneren.

Nach der Pause dürfen wir unter Führung auf einem alten Fahrweg unsere Tour in das Busch- und Offenland fortsetzen, das im Zuge der früheren militärischen Nutzung entstanden ist. Hier nisten viele seltene, in Thüringen besonders schützenswerte Vögel. Hervorzuheben sind hierunter Arten wie Wiesenweihe, Rebhuhn, Wachtel, Wachtelkönig, Bekassine, Flußregenpfeifer, Braun- und Schwarzkehlchen, Sperbergrasmücke, Steinschmätzer und die beiden Würgerarten Neuntöter und Raubwürger. Sogar der Brachvogel wurde im Südzipfel des Kindels schon nachgewiesen. Bis 1992 waren auch noch mehrere singende Grauammern auf offenen Teilen des ehemaligen Truppenübungsplatzes Weberstedt anzutreffen. Wir konnten sie aber leider nicht mehr finden.

Wie wir erfahren, hat sich in den Jungwäldern des Kindels sogar das Birkhuhn eingestellt. Die Zuwanderung erfolgte um 1991, vermutlich von dem ca. 25 km entfernten Übungsplatz Ohrdruf oder vom Thüringer Wald aus. Seither gelangen jährlich Nachweise einzelner balzender Hähne und Hennen.

Prominenter Besuch im Hainichwald am 21. Mai 1997: Bundesverteidigungsminister Volker Rühe, der Thüringer Ministerpräsident Bernhard Vogel, Bundesumweltministerin Angela Merkel und der Thüringer Minister für Landwirtschaft, Naturschutz und Umwelt, Volker Sklenar.

Überall selten geworden – der Mittelspecht.

Vogelarten, die an Gewässer, Röhrichte und Sumpfflächen gebunden sind, fehlen in dem naturgemäß wasserarmen Muschelkalkgebiet des Hainichs weitgehend. Dennoch ist es erstaunlich, daß selbst in kleinsten Feuchtgebieten mitunter seltene Arten beobachtet werden: so eine rufende Rohrdommel oder ein Rohrweihenpaar an dem verschilften Teich bei der Thiemsburg. Erwähnenswert ist auch der häufige Durchzug und sogar das gelegentliche Rasten von Kranichtrupps auf dem Kindel, wo durch den Militärbetrieb kleinere Wasserflächen und Tümpel entstanden sind.

Wie uns der Nationalparkführer erzählt, wird das ganze Gebiet auch durch verschiedene Eulenarten bejagt. Während der im Nationalpark verbreitete Waldkauz auf große Baumhöhlen angewiesen ist und daher ältere Waldteile bewohnt, bevorzugt der Uhu offenes Gelände oder Waldränder zur Jagd. Nicht selten erbeutet er Igel, die im Hainich noch recht verbreitet sind. In den Felsabstürzen des Werratals findet er sichere Brutnischen. An Waldrändern oder in Feldgehölzen kann mit der kleineren Waldohreule, seltener – meist auf dem Zuge auf dem Offenland des Kindels – auch mit der Sumpfohreule gerechnet werden. Leider scheint der Steinkauz, dessen Rückgang in ganz Thüringen besorgniserregend ist, seit mehreren Jahren völlig aus dem Gebiet verschwunden zu sein. Dagegen sind Rauhfuß- und Sperlingskauz, die beide mindestens inselartig eingesprengte Nadelbäume in ihren Lebensräumen benötigen, früher schon nachgewiesen worden. Um die dämmerungs- und nachtaktiven heimischen Eulenarten zu erfassen, sind Nachtexkursionen zur richtigen Jahreszeit nötig, und diese wollen wir uns ein anderes Mal vornehmen.

Auf der Suche nach Lurchen und Kriechtieren

Die Erfassung der Lurche und Kriechtiere hat sich bisher hauptsächlich auf die Randbereiche und auf das Gebiet des Nationalparks beschränkt. Im nördlichen Teil des Laubwaldgebietes kann der „Senkig", ein ehemaliger Steinbruch, als gut untersucht gelten. Im gesamten Hainich wurden bisher vier Reptilien- sowie zwölf Amphibienarten und der Teichfrosch als Mischlingsform nachgewiesen.

Der Bergmolch ist die charakteristische Amphibienart im geschlossenen Waldgebiet. Während der Fortpflanzungszeit ist er in vielen natürlichen Gewässern (z.B. an wassergefüllten Erdfällen, an Kolken der meist nur zeitweise Wasser führenden Bachläufe, an Wurzeltrichtern umgestürzter Bäume oder Wildsuhlen), aber auch in wasserführenden Fahrspurrinnen und Gräben zu finden. Auch Erdkröte und Grasfrosch nutzen solche Wasseransammlungen zur Fortpflanzung. Die zugehörigen Sommer- und Winterlebensräume finden diese Arten im reich strukturierten Laubmischwald. Bemerkenswert ist das Vorkommen des Feuersalamanders im westlichen Hainich, in einem Quellgebiet bei Hallungen. 1979 wurde er letztmalig bei Eigenrieden, am Nordrand des Hainichs, beobachtet. Nachweise dieser Art von den Muschelkalkplateaus und aus den Bergländern Thüringens sind selten. Noch ungeklärt ist, ob der Fadenmolch im Hainich vorkommt.

Im Süden des Nationalparks entstand durch den früheren militärischen Übungsbetrieb auf dem ehemaligen Truppenübungsplatz Kindel eine offene Landschaft mit zahlreichen Kleingewässern. Sie zählen zu den bedeutendsten, vom Menschen geschaffenen Amphibienlebensräumen in Deutschland. Hier fanden Arten, die wärmere Lebensräume rasch besiedeln können, großflächig geeignete Lebensbedingungen. Dazu gehört vor allem die Gelbbauchunke. Ihr Bestand auf dem Kindel wurde auf ca. 10.000 Exemplare geschätzt.

Wirklich gezählt hat sie aber noch niemand. Des weiteren gibt es Massenvorkommen des Kamm- und Teichmolches sowie des Europäischen Laubfrosches. Die Kreuzkröte ist hingegen im Gebiet selten.

Vor der Begradigung der Flüsse besiedelten diese Amphibienarten vor allem die Auen von Werra, Nesse und Unstrut sowie die der Bäche, die den Hainich entwässern. In den sonnigen, abwechslungs- und nahrungsreichen Waldrandlagen fanden sie Sommer- und Winterquartiere.

Viele Amphibienarten können neu entstandene Lebensräume schnell und in hoher Individuendichte besiedeln. Der Truppenübungsplatz als Lebensraum aus zweiter Hand und die Gelbbauchunke sind dafür ein gutes Beispiel. Der militärische Übungsbetrieb sorgte hier zufällig für die Dynamik, die früher im ursprünglichen Lebensraum der Auen durch Überschwemmungen vorhanden war.

Die Geburtshelferkröte, die wegen ihres wohlklingenden Balzrufs im Volksmund auch „Glockenfrosch“ genannt wird, kommt im nördlichen Hainich, im „Senkig“ vor. Die Art zeigt ein hochinteressantes Brutpflegeverhalten. Das Männchen schlingt sich nach der Befruchtung die Eischnüre um die Hintergliedmaßen. Im Volksmund führte das zum Namen „Feßler“. Die Embryonen wachsen außerhalb des Wassers heran und ernähren sich vom großen Dottervorrat der Eier. Für die geeigneten Bedingungen zu ihrer Embryonalentwicklung sorgt das Männchen durch die Wahl seiner Versteckplätze. Nach drei bis sechs Wochen sucht es das Wasser auf, und die Larven verlassen die

Das Männchen der Geburtshelferkröte übernimmt gerade die vom Weibchen gelegte Eischnur.

Eihüllen. Mit 10 bis 17 mm Länge sind sie für Feinde weniger „attraktiv". Die Umwandlung der Larven findet wahrscheinlich erst im Frühsommer des darauffolgenden Jahres statt. Im Winter kann man die großen Larven manchmal unter der Eisdecke der Gewässer schwimmen sehen.

Die Mehrzahl der Reptiliennachweise gelang an den wärmeren Waldrändern und im Südteil des Nationalparks. Die Ringelnatter wurde z.B. im Steinberggebiet, an der Thiemsburg, an einem Stausee im südwestlichen Kindel sowie im „Senkig" beobachtet. Zauneidechsen kommen auf den Halbtrockenrasen des Nationalparkgebietes sowie an den südexponierten Waldrändern des Behringer Holzes vor. Die Waldeidechse ist weit verbreitet und besiedelt auch Wegränder, Schneisen und Lichtungen im Laubwald. Blindschleichen wurden bisher vor allem in Waldrandlagen beobachtet. Beiden Arten kann man z.B. am Reichenbacher Wald, auf der Reichenbacher Harth sowie an der Waldkante westlich von Oberdorla begegnen. Der geschlossene Laubwald wird von den Reptilien vor allem in den trocken-heißen Hochsommermonaten aufgesucht. Inwieweit er auch zur Überwinterung genutzt wird oder beispielsweise von der Ringelnatter zur Eiablage, z. B. in verrottendem Holz, ist noch unbekannt.

Insekten und andere wirbellose Tiere im Sucher

Die Insektenwelt des Nationalparks führt ein eher heimliches Dasein. Viele Arten des Waldes sind nur selten zu sehen, auch wenn sie zahlreich vorkommen und häufig stattliche Körpergrößen erreichen. So ist der Lederlaufkäfer mit 25 mm Größe eine regelmäßig vorkommende Art. Er ist aber nachtaktiv und deshalb kaum einmal zu entdecken. Die Wälder des Hainichs sind für einen weiteren Laufkäfer bedeutsam. Der in Thüringen stark gefährdete Schluchtwaldlaufkäfer ist hier verbreitet und findet in zerfallenden Laubholzstubben Unterschlupf. Mitunter überwintern 30-40 Tiere dieser allgemein seltenen Art gemeinsam. Auch aus anderen Käferfamilien haben allgemein stark gefährdete Arten im Hainich noch gute Bestände. So kann man mit etwas Glück den Grünen Edelscharrkäfer, einen seltenen Verwandten des Gemeinen Rosenkäfers, auf Blüten an Waldsäumen und Lichtungen antreffen. Weitere gefährdete Arten sind der Buchenbock, der Kleine Laubholzzangenbock, der sehr seltene Weberbock, der Marmorierte Rosenkäfer sowie der Rehschröter, eine kleine Hirschkäferart.

Bis auf den Weberbock, der in letzter Zeit nur einmal nachgewiesen wurde, sind alle genannten Arten im Hainich weit verbreitet. Wichtig ist für sie vor allem das ausreichende Angebot an toten Bäumen, von dem sie direkt oder indirekt abhängen. Das Vorhandensein dieses selten gewordenen Kleinlebensraumes ist ein bedeutsames Qualitätsmerkmal weiter Teile des Waldgebietes, das sich bei der Entwicklung zu einem Laubholzurwald in vielfältiger Weise anreichert. Untersuchungen durch den Käferspezialisten Andreas Weigel in den Jahren 1994 und 1995 ergaben für den Hainich bereits eine große Zahl seltener Holzkäferarten.

Der Nationalpark bietet auch vielen Schmetterlingsarten gute Entwicklungsmöglichkeiten. Allerdings sind für viele dieser Arten weniger der geschlossene Wald als die Waldsäume, Wegränder und die vorgelagerten offenen Landschaften mit ihren Streuobstbeständen, Schaftriften und Wacholderheiden interessant. Insgesamt wurden bisher 58 Tagfalterarten nachgewiesen, darunter auch an mehreren Fundorten die in ganz Thüringen gefährdeten Arten Senfweißling, Goldene Acht, Hufeisenklee-Heufalter, Großer Schillerfalter,

Großer Perlmutterfalter, Grasheiden-Scheckenfalter, Rostbinde, Perlbinde, Pflaumenzipfelfalter, Lilagoldfalter, Violetter Waldbläuling und Hylasbläuling. Der Hylasbläuling ist in Thüringen vom Aussterben bedroht. Als neueste Entdeckung im Offenland des Hainichs ist der Fund eines besonders gefährdeten Dickkopffalters bemerkenswert.

Unter den anderen Wirbellosen sind bisher nur die Weichtiere etwas intensiver untersucht worden. Bemerkenswert ist vor allem das Vorhandensein der Bezahnten Achatschnecke, die als Zeigerart für urständige Wälder gelten kann und die durch ihre weite Verbreitung im Hainich auch auf die Ursprünglichkeit und langzeitige Existenz der meisten Waldbereiche hinweist. Auch das Vorkommen der beiden hauptsächlich in Bergwäldern verbreiteten, völlig flugunfähigen Blattkäfer, des Metallischen Tatzenkäfers und des Hellbraunroten Blattkäfers spricht für diese Tatsache. Weitergehende Untersuchungen des Artenbestands des Nationalparks lassen besonders unter den Wirbellosen wohl noch über Jahre überraschende Neuentdeckungen erwarten.

Bizarr und farbenprächtig – die Raupe des Schwalbenschwanzes.

7. Ein Blick in die Waldgeschichte

Bei einer Wanderung nördlich der Nationalparkgrenzen, links und rechts der „Struppeiche“, trifft man auf ausgedehnte Laubholzplenterwälder. Das sind ungleichaltrige, naturnah bewirtschaftete Laubwälder. Sie befinden sich überwiegend im Eigentum der Laubgenossenschaften, einer seit alters her bestehenden Form des privaten Waldbesitzes. Tatsächlich hat der Wald des Hainichs eine spannende Vergangenheit. Bereits seit vielen Jahrhunderten, die Rede ist von mehr als 1000 Jahren, besitzen die Anwohner umfangreiche Gebrauchsrechte am Wald. Heute können wir uns nur schwer vorstellen, wie die Wälder vor Hunderten von Jahren ausgesehen haben. Sicher ist jedoch, daß es wesentlich mehr Wald und wesentlich weniger Menschen gab als heute. Die Versorgung mit Holz war zu jener Zeit kein Problem. Jedoch stieg mit dem Wachstum der Dörfer und Städte im Umfeld auch der Holzbedarf. An den gut erreichbaren Stellen konnte bald der Wald nicht so schnell nachwachsen, wie das Holz genutzt wurde.

Man schuf daher außergewöhnlich früh Regeln zum Umgang mit dem Hainichwald – erste Ansätze des heute auf alle Bereiche der Naturnutzung ausgedehnten Nachhaltigkeitsdenkens. Die älteste historisch belegte Holzordnung, welche die Art und Weise der Waldnutzung vorschrieb, trat im Hainich bereits vor über 400 Jahren in Kraft! Das sogenannte „Vitzthumbrechts“ bestand bis zum Jahre 1569, die *„hierauf eingeführte, immerhin noch sehr mangelhafte, behauptete sich bei dem Starrsinn der Voigteier bis in dieses Jahrhundert“,* wie Gutbier (1894) zu berichten weiß. Man teilte den Wald in Schläge ein. Der jährlich anstehende Schlag wurde unter den Bewohnern zu gleichen Anteilen verlost und dann mit Ausnahme weniger Bäume kahlgeschlagen. So hatte jede „Herdstätte“, wie man hier die Familien früher nannte, die gleiche Chance, ihr Brennholz an gut erreichbaren Stellen zu gewinnen. Das Holz wurde vorwiegend zum Heizen verwendet, daher hatten nur wenige Bäume die Chance, alt zu werden und zu dicken, knorrigen Stämmen heranzuwachsen. Da sich die Hainichbewohner aber nur unzureichend an ihre Regeln hielten, wurde der Wald trotz der Holzordnungen zu stark beansprucht. Wenn die Dorfbewohner ihr Vieh in den Wald trieben und die jungen Bäumchen abgefressen wurden oder das Laub zusammengeharkt und in die Ställe gestreut wurde, war das für den Wald nicht zuträglich. An manchen Stellen, so zum Beispiel über der „Langulaer Lehde“, kann man noch heute die Folgen einer derartigen Behandlung des Waldbodens erkennen.

Im 19. Jahrhundert trat erneut ein gravierender Wandel ein: Neben der Nutzung als Brennstoff gewann das Holz immer größere Bedeutung als Baumaterial. So wandelte sich der Anspruch an die Produkte des Waldes. Lange gerade Balken und Bretter waren gefragt. Daher änderten die Waldbesitzer vor etwa 150 Jahren ihre Waldbehandlung, um dem wachsenden Bedarf an einerseits hochwertigem, starkem Holz, andererseits an Brennholz Rechnung zu tragen.

Geerntet wird der dickste Stamm – Plenterwälder im Hainich

Mit dieser Umstellung schufen sie ungleichaltrige, mehrstufige Hochwälder – die Laubholzplenterwälder. Geht man entlang des Rennstiegs, zum Beispiel in der Nähe des „Dornschildchens“ links und rechts in den Wald hinein, sieht man Bäume aller Entwicklungsstadien, vom Sämling über den Jungwuchs, vom Stangenholz bis hin zum starken Baum, mosaikartig nebenbzw. die Kronen übereinander, wie es die Abbildung 7 zeigt. Die Besonderheiten des Plenterwaldbetriebs bewirken, daß Verjüngung und Pflege des Waldes ohne aufwendige Eingriffe erreicht werden können. Dem Forstpersonal wird allerdings viel Fingerspitzengefühl abverlangt, denn es gilt, diesen Prozeß geschickt zu steuern. Das Pflanzen von Bäumen, das Einzäunen dieser Anpflanzungen und die aufwendige Pflege von großen Dickungen prägen das Bild der meisten Wälder in Deutschland. Anders ist es jedoch im Plenterwald, denn hier entstehen keine Kahlschläge, sondern das Holz wird nur in Form einzelner Bäume entnommen, und der Wald verjüngt sich von selbst. So kann nachhaltig ökologisch, aber auch ökonomisch Waldwirtschaft betrieben werden.

Plenterwälder gewinnen international immer mehr an Bedeutung, doch handelt es sich hierbei überwiegend um Mischbestände aus Fichte, Tanne und Buche. Die ausschließlich aus Laubbaumarten zusammengesetzten und durch die Rotbuche dominierten Plenterwälder des Hainichs sind in ihrer Ausdehnung einzigartig.

Abbildung 7
Holznutzung durch Kahlschlag mit nachfolgender Pflanzung führt zu gleichaltrigem Wald (Altersklassenwald – oben), während im Laubholzplenterwald (unten) die Bäume ungleichaltrig neben- und übereinander stehen.

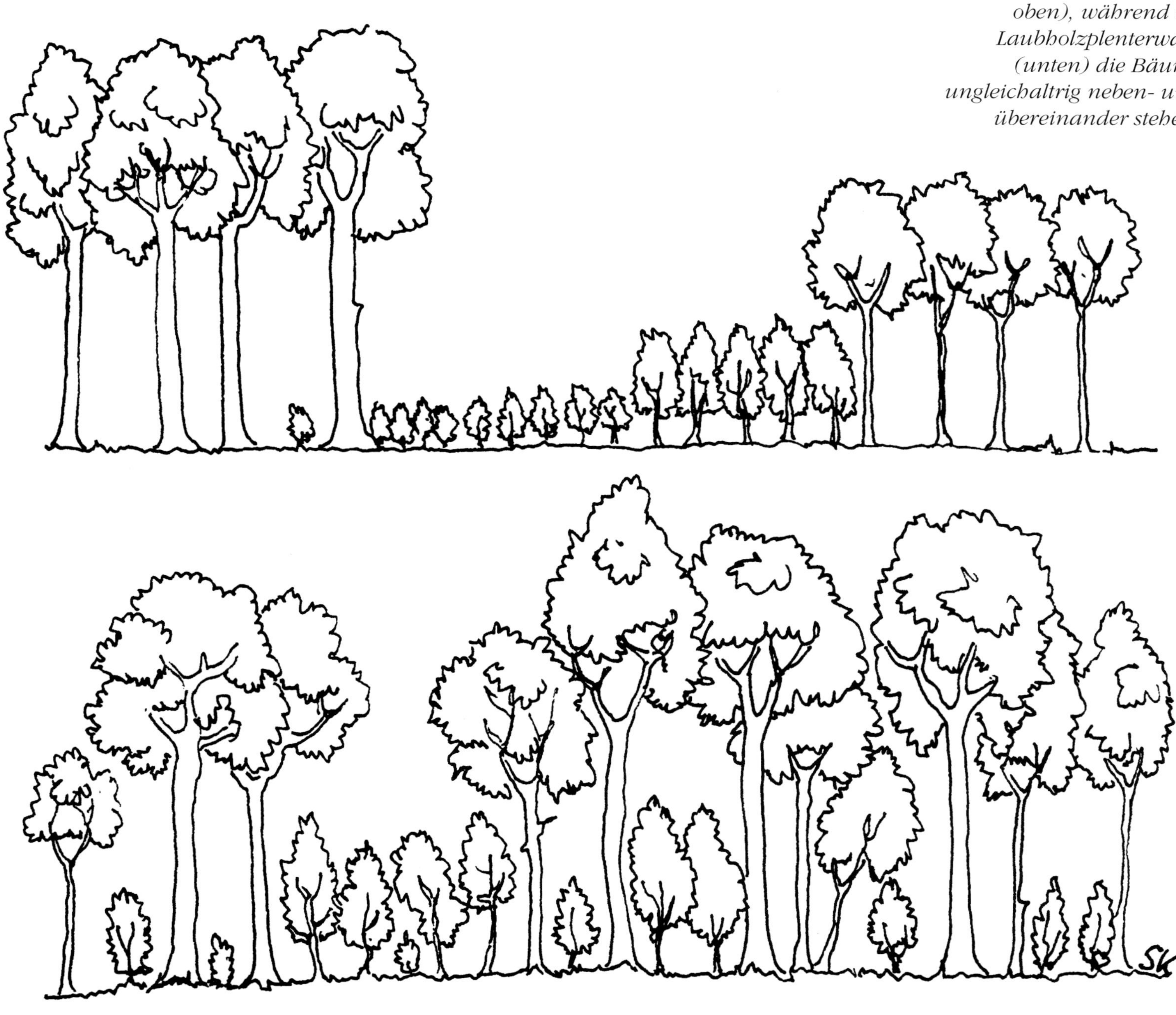

Die Wälder der Laubgenossen

Parallel mit der Waldform hatte sich im Hainich auch die Besitzstruktur weiterentwickelt. Bereits mit dem beginnenden 18. Jahrhundert kam es in den Dörfern um den Hainich zur sogenannten „Schließung", das heißt, der Abgrenzung des Kreises der Nutzungsberechtigten am Wald, der „Laubgenossen". Später zugezogene Bewohner erhielten keine Nutzungsrechte mehr. So entstanden die Laubgenossenschaften, eine Form des gemeinschaftlichen Privatwaldbesitzes. Innerhalb der meisten dieser Genossenschaften haben die „Berechtigten" einen nur ideellen Anteil am Wald. So kann kein Laubgenosse sagen, das ist mein Baum oder mein Stück Wald, sondern beides gehört der Gemeinschaft. Der Holzeinschlag wird gemeinsam geplant, jeder wird am Ertrag gleichermaßen beteiligt. Über Satzungen wird das gemeinschaftliche Vorgehen der Laubgenossenschaften geregelt.

Seit der politischen Wende 1990 können die Laubgenossenschaften ihre Rechte wieder umfassend wahrnehmen. Sie sind zu Recht stolz auf ihre in Deutschland und Mitteleuropa einzigartigen Laubholzplenterwälder. So gibt es künftig im Hainich zwei interessante Vergleichsräume in direkter Nachbarschaft: Neben dem großflächigen Schutz ungestörter natürlicher Entwicklungsprozesse ohne Holznutzung im Nationalpark Hainich sollen künftig auch die nördlich unmittelbar angrenzenden forstlich genutzten Plenterwälder als kulturelles Erbe für spätere Generationen, aber auch als forstlich zukunftsweisende Art der Bewirtschaftung in Form von Naturwaldreservaten erhalten bleiben.

Holztransport mit Pferden – eine schwere, aber naturschonende Arbeit in den Wäldern der Laubgenossen.

Herbststimmung in den Plenterwälder bei Kammerforst

8. Von Wüstungen und Steinkreuzen

Der Hainich und sein Umfeld liegen auf geschichtsträchtigem Boden. Die Namen von Forstorten, Wegekreuzen, aber auch noch vorhandene Reste von Wehranlagen, Gräben, Wällen und Wüstungen erinnern an bewegte Zeiten. Ein Teil der Wehranlagen, so zum Beispiel der bei Eigenrieden beginnende Landgraben, diente dem Schutz des Mühlhäuser Gebiets vor den im Mittelalter „übelberüchtigten" Eichsfeldern. Die sogenannte Vogtei, zu der die Dörfer Langula, Nieder- und Oberdorla gehören, schützte sich durch ein steinernes Tor am Grenzhaus vor Einfällen, aber auch vor Besuchen bettelnder Bewohner vom Westrand des Hainichs.

An Burgen und alten Bergeplätzen (Orten, an denen sich die Dorfbewohner bei Gefahr mit ihrem Vieh versteckten), mit Wallanlagen und Gräben seien Haineck bei Nazza, Sommerstein, Burgberg (am Waltersgrund), Thiemsburg und Hünenburg genannt. Größere Anteile am Wald- und Landbesitz hatten die Städte Mühlhausen und Langensalza sowie einige Adelsgeschlechter, unter anderem die von Berlepsch, von Dachröden, von Hopffgarten, von Oyenriden, von Wangenheim und von Seebach. Das St. Katharinenkloster zu Eisenach besaß Land um das Ihlefeld. Die letzten Gebäude, die teilweise Landwirtschaft betrieben hatten oder als Forsthäuser fungierten, wurden 1964 bei der Einrichtung des Truppenübungsplatzes niedergerissen. Brunnen und Mauerreste erinnern noch daran. Auf alten Grundmauern entstand inzwischen ein Fachwerkhaus neu.

Guthbier (1894) zählt allein an der Ostseite des Höhenzugs 22 verlassene und verfallene Dörfer auf; am Westrand weitere 13. Viele davon waren lange vor dem 30jährigen Krieg aufgegeben worden. Neben dem schlechten Er

Altes Steinkreuz beim Ihlefeld

trag der Böden soll vor allem der Mangel an Wasser die Hauptursache gewesen sein, da die zu schwachen Quellen in Trockenzeiten versiegten.

An historische Ereignisse erinnern heute noch immer zahlreiche Steinkreuze, Wegezeichen (z.B. Eiserne Hand), Steinsymbole (Totenkopf) sowie die Namen von Forstorten und mächtigen Bäumen – lebend oder bereits gefallen (z.B. die Bettel-, die Strupp- und die Königseiche), die heute lohnende Wanderziele darstellen.

Ruine Haineck bei Nazza – hier lebte einst der Steinsperling.

9. Es lohnt sich – Wandern im Hainich

Bereits in der ersten Hälfte unseres Jahrhunderts waren Besucher von der stillen Pracht der zusammenhängenden Laubmischwälder des Hainichs beeindruckt. So beschreibt 1930 der Langensalzaer Lehrer Pfützenreuter den Hainich mit poetischen Worten als lohnenswertes Wanderziel: *„Dem Erholungssuchenden, dessen Nerven im aufreibenden Wirtschafts- und Berufskampf ein wenig oder auch mehr aus dem Takt geraten sind, können die grünen Buchenhallen des Hainichs nicht genug empfohlen werden. Ihm werden die erhabene Stille und Ruhe, die er dort findet, Balsam fürs wunde Herz und Stärkung für überreizte Nerven bringen."*

In diesem Sinne sind die „grünen Buchenhallen" des Hainichs auch heute weiterzuempfehlen für kleine Ausflüge oder ganztägige Wanderungen. Verbannt man einmal die Alltagsprobleme, hält nicht nur Augen und Ohren offen, sondern atmet tief durch, nimmt den würzigen Duft der Bäume und des feuchten Waldbodens auf, berührt mit geschlossenen Augen die vielgestaltige Rinde eines Baumstammes, so wird einem bewußt, welche kleinen und großen Wunder die Natur vor unserer Haustür und besonders im Nationalpark Hainich für uns bereit hält.

Kultur und Geschichte rund um den Nationalpark

Der Höhenzug des Hainichs ist umgeben von Städten, die geprägt sind von einer bewegten Geschichte und Kultur. Da ist im Norden die Thomas-Müntzer-Stadt Mühlhausen – im Unstruttal gelegen, blickt sie auf eine mehr als tausendjährige Geschichte zurück. Allein der Anblick ihrer vielen Türme – einst waren es 59 an der Zahl – vermag den an Kultur Interessierten zu begeistern. Nicht alle haben die Jahrhunderte überstanden, doch die heute noch erhaltenen 13 Kirchen und die 2.700 m lange Stadtmauer aus dem 12. und 13. Jahrhundert verleihen der Stadt eine besondere Atmosphäre.

Kinder erleben den Nationalpark – Rast an der Betteleiche.

Fährt man nach Süden am Ostrand des Hainichs entlang, so erreicht man Bad Langensalza, das seinen mittelalterlichen Stadtkern fast vollständig bewahrt hat. 17 Wehrtürme der Stadtmauer sind heute noch erhalten, und auf einem Streifzug durch die Innenstadt kann man viele historische Sehenswürdigkeiten entdecken. Da ist beispielsweise Schloß „Dryburg"; im Mittelalter war es der Stammsitz der Herren von Salza. Ende des 17. Jahrhunderts wurde der Schloßbau erweitert und im Laufe des 18. Jahrhunderts als Wohnsitz für die Weißenfelser Herzoginnen-Witwen genutzt. Im 19. Jahrhundert waren hier unter anderem das königliche Amts- und später das Kreisgericht untergebracht. In den vergangenen Jahrzehnten beherbergte das Gebäude die Städtische Bibliothek, heute ist es leider leer und ungenutzt. Bad Langensalza ist anerkanntes Heilbad. Eine Schwefelquelle dient der Behandlung von Rheuma, Hautleiden und Erkrankungen des Bewegungsapparates.

Im Südwesten des Hainichs liegt die Wartburgstadt Eisenach. Mit dem Bau der Wartburg erfolgte vermutlich auch die Gründung Eisenachs. Berühmte Persönlichkeiten sind mit dem Namen dieser Stadt verbunden: Johann Sebastian Bach wurde hier geboren, und auf der Wartburg, hoch über der Stadt gelegen, übersetzte Martin Luther das Neue Testament. Der niederdeutsche Dichter Fritz Reuter verbrachte hier seinen Lebensabend, Johann Wolfgang von Goethe war häufiger Gast, und Richard Wagner ließ sich von der Wartburg zu seinem „Tannhäuser" inspirieren. Eine Vielzahl an Museen, darunter das Bach- und das Lutherhaus, die Reuter-Villa und die Predigerkirche, laden zu einem Besuch ein. Das Theater und viele kirchenmusikalische Veranstaltungen versprechen dem Gast kulturelle Abwechslung nach einem erlebnisreichen Tag im Nationalpark.

Unmittelbar am Rande des Nationalparks finden wir idyllische Orte, die ihre reiche Fachwerksubstanz noch weitgehend erhalten haben. Sie werden bei der folgenden Hainichumrundung vorgestellt. So bietet die vielfältige Waldlandschaft des Hainichs, gepaart mit den kulturvollen Städten und Dörfern, die ihn wie eine Perlenkette umgeben, dem an Natur und Kultur interessierten Besucher gleichermaßen interessante Ausflugs- und Urlaubsziele.

Einmal um den Hainich

Von Bad Langensalza geht die Tour zunächst in nordwestlicher Richtung über Zimmern nach **Alterstedt**. Das 210 Seelen zählende Dörfchen hat seinen ursprünglichen Charakter bis heute erhalten. Bereits aus der Ferne ist der weiße Kirchturm sichtbar. Fährt man weiter am Hainichwald entlang in Richtung Norden, erreicht man **Weberstedt**, nach dem der frühere Truppenübungsplatz benannt war, mit dem Goldackerschen Schloß. Im Jahre 960 erstmals urkundlich erwähnt, erscheint es nach mehrfachem An- und Umbau heute im Renaissancestil. Seit 1945 wurde das ehemalige Rittergut als Schule und als Druckerei genutzt, wobei das Gebäude stark in Mitleidenschaft gezogen wurde. Ein engagierter Förderverein baut es zur Zeit zu einem kulturellen Zentrum des Ortes aus, das bereits ein kleines Heimatmuseum birgt.

Unweit von Weberstedt findet man das 720 Einwohner zählende **Mülverstedt**, in dem der ansehnliche Fachwerkbau des Herrenhauses in der Dorfmitte beeindruckt.

Über **Flarchheim** geht es weiter nach **Oppershausen**, dessen Kirche als Besonderheit einen romanischen Chorturm besitzt. Ganz in der Nähe befindet sich der Wasserspeicher Seebach. Dem vogelkundlich Interessierten bietet er neben Kolben- und anderen Entenarten mit rund 25 Brutpaaren das individuenreichste Haubentauchervorkommen Thüringens. Zur Vogelzugzeit finden sich hier eine artenreiche Schar von Watvögeln und gelegentlich auch der Fischadler ein. Sogar Seeadler wurden schon beobachtet.

Nahe am Hainichwald gelegen ist der Ort **Kammerforst**, dessen ursprünglicher dörflicher Charakter mit vielen Fachwerkhäusern, Kirchplatz und altem Baumbestand gut erhalten geblieben ist. Im fachkundig restaurierten „Obergut", das heute als kulturelles Zentrum der Gemeinde genutzt wird, befindet sich die **Nationalparkausstellung „Naturerbe Hainich"**. Eine Dia-Ton-Schau, die in Worten und einzigartigen Bildern die Schönheiten des Hainichs im Jahreslauf präsentiert, gibt dem Besucher einen Überblick über die Wälder, Pflanzen und Tiere des Nationalparks. Schautafeln informieren über Buchenwälder in Europa und über andere europäische Nationalparke. Darüber hinaus werden Ziel und Anliegen des Nationalparks und des noch in der Planung befindlichen Naturparks „Eichsfeld-Hainich-Werratal" erläutert, der den Nationalpark künftig einbetten soll. Vitrinen geben dem Besucher die Möglichkeit, einen ersten Blick mitten hinein in ein Stück „Urwald" und in die Augen der Wildkatze zu werfen oder Besonderheiten der offenen Landschaft kennenzulernen, wie man sie auf dem Kindel findet. Kinder wird besonders der kleine Erlebnisraum begeistern, wo sie in Tastkästen mit ihren Fingern fühlen und Baumarten erraten können. Kammerforst ist ein idealer Ausgangspunkt für Wanderungen in den Nationalpark.

Auf der Fahrt nach Nordwesten erreicht man **Langula**. Mit seiner Kirche und dem von einem Ring aus Fachwerkhäusern umgebenen Anger hat es fast einen kleinstädtischen Charakter. Langula ist eines der drei Vogteidörfer. Die Vogtei ist eine kleine, Jahrhunderte alte Herrschaft mit bewegter Geschichte. Im 6. Jahrhundert wurde sie nach der Zerschlagung des Thüringer Königreichs durch die Franken Teil des fränkischen Merowingerstaates. Im 8. Jahrhundert wurde sie vom Bistum Würzburg regiert und seit dem 10. Jahrhundert unterstand sie dem Erzbistum Mainz. Erst im Jahre 1802 endete die Mainzer Herrschaft. 1802 wurde die Vogtei auf Reichsdeputationsbeschluß hin preußisch und 1806 Bestandteil des Königreiches Westfalen. Von 1816 bis zum Ende des 2. Weltkrieges gehörte sie zum Landkreis Mühlhausen und heute zum Unstrut-Hainich-Kreis.
Hauptort ist das nördlich von Langula gelegene **Oberdorla**. Bereits erstmals im 8. Jahrhundert erwähnt, verfügt es über einen ausgedehnten Dorfanger und attraktive, denkmalgeschützte Fachwerkhäuser.

Als drittes und letztes Dorf gehörte auch das östlicher gelegene **Niederdorla** der „Vogtei Dorla" an. Am nördlichen Rand des Dorfes zeigt die erst nach der Wende gepflanzte „Mittelpunktslinde" den geografischen Mittelpunkt Deutschlands an. Ganz in der Nähe wurde bei umfangreichen Ausgrabungen ein keltisches und germanisches Heiligtum, das „Opfermoor" gefunden. Das älteste Heiligtum dieser Kultstätte, eine Tempelanlage mit großem Steinaltar, stammt aus dem 6. Jahrhundert vor Christi. Ein modernes kleines Museum zeigt die Fundstücke und gibt dem Interessierten nähere Informationen zu diesem ehemaligen „Seeheiligtum".

Wenn man von Mühlhausen kommend den Hainich Richtung Westen quert, erreicht man **Eigenrieden**. Bemerkenswert ist die barocke Dorfkirche aus dem Jahre 1725. Hier befindet sich der nördliche Anfang des Rennstieges (nicht zu verwechseln mit dem „Rennsteig" des Thüringer Waldes!), des bekanntesten Höhenwanderweges des Hainichs. Die Markierung „**R**" führt auf den „Mühlhäuser Landgraben", dem Rest eines Graben-Wall-Systems der ehemaligen Landwehr. Ein beeindruckender alter Baumbestand aus Rotbuchen, Eichen, Eschen, Berg- und Spitzahorn heißt den Besucher am Hainichrand willkommen.

Diedorf, den westlichsten Ort am Rande des Hainichs, durchquert man auf dem Wege nach **Heyerode**, das im Jahre 1356 erstmals urkundlich erwähnt wurde. Im Jahre 1500 soll es lediglich aus sechs Häusern bestanden haben. Es liegt am Fuße des Hachelberges, am Eingang des Lempersbachtales. Originell ist das auf dem Kamm des Hainichs gelegene Grenzhaus, das die Verbindungsstraße Langula-Nazza überbrückt. Nachdem es im 30jährigen Krieg zerstört wurde, baute man es 1650 in der heutigen Form wieder auf. Im Mittelalter grenzten auf dem Hainich die Besitzungen der Thüringer Landgrafen, das kurmainzische Gebiet der freien Reichsstadt Mühlhausen und die Vogtei Dorla aneinander. Das Grenzhaus diente als Landwehranlage.

Fährt man das Tal des Lempersbaches hinab, so gelangt man in das idyllische Fachwerkdorf **Nazza**. Hier ließ Landgraf Balthasar 1392 die Grenz- und Sperrburg Haineck als Teil einer Wehranlage gegen das feindliche Eichsfeld erbauen. Die heutige Burgruine ist ein beliebtes Ausflugsziel.

Im Süden, direkt am Werraknie, liegt **Mihla**, eine der ältesten Siedlungen an der Werra und heute Sitz der Verwaltungsgemeinschaft, zu der sieben Orte gehören. Die Ritterfamilie von Harstall ließ in Mihla drei Schlösser errichten. Heute sind noch das Graue Schloß aus dem 14. Jahrhundert, das als Hotel und Gaststätte genutzt wird, und das Rote Schloß aus dem 16. Jahrhundert erhalten. Das Rote Schloß zählt zu den schönsten Fachwerkhäusern in Westthüringen. Auch der Park des heute als Altersheim genutzten Baues ist sehenswert. Am Mittellauf der Lauter liegt das in germanischer Zeit entstandene **Lauterbach** mit seinem historischen Ortskern.

In **Bischofroda** sind besonders das kleine Rokokoschloß und die oberhalb des Schlosses gelegene Dorfkirche mit ihrem romanischen Chorturm einen Besuch wert. Auf der Fahrt weiter Richtung Südosten, am Oberlauf der Lauter, liegt **Berka vor dem Hainich**. Die heute noch vorhandenen historischen Örtlichkeiten „Malstein" und „Mallinde" weisen auf den früher an der Flurgrenze zu Bischofroda liegenden Gerichtsplatz hin. Das ehemalige Rittergut des Dorfes **Hütscheroda** wurde von den Herren von Wangenheim als Herrenhaus umgebaut und dient heute als Hotel. Es gehört zu **Behringen**. Sehenswert ist dort der Schloßpark, der 1996 als Skulpturenpark gestaltet wurde. Im Ort befindet sich außerdem eine Nationalparkinformationsstelle.

Das 440 Einwohner zählende **Reichenbach** ist ein langgestrecktes Reihendorf, das unter Denkmalschutz steht. In nördlicher Richtung fahrend, gelangt man in das direkt am Rande des Nationalparks gelegene „Bergdörfchen" **Craula**. Es ist mit seinen 442 m über NN das höchstgelegene Dorf am Hainich und günstiger Ausgangspunkt für Wanderungen in den Nationalpark. Das Waidmühlendenkmal im Ortskern zeugt von der alten Tradition des Waidmahlens. Waidanbau und -handel verhalfen unter anderem der Stadt Erfurt zu Glanz und Reichtum. Von Craula führt unsere Tour zurück durch den Bad Langensalzaer Stadtwald, und über Zimmern schließt sich der Kreis um den Nationalpark und den Hainichwald.

Zu Fuß unterwegs - auf historischen Spuren im Hainich

Will man den Hainich einmal in seiner ganzen Nord-Süd-Ausdehnung durchmessen, so sollte man dies zu Fuß entlang des **Rennstiegs** tun. Von Eigenrieden im Norden bis Behringen im Süden verläuft dieser traditionelle Höhenwanderweg. Bereits seit mehr als hundert Jahren wird er auf ausgeschilderter Strecke bewandert, doch reicht seine Nutzung wesentlich länger zurück. Vermutlich handelt es sich um einen mittelalterlichen Verbindungsweg. Erstmals 1448 erwähnt, wurde er 1883 vom „Waldverein Mühlhausen" beschildert. Nach verschiedenen Änderungen berührt die 30 km lange Strecke, die im Schloßpark zu Großbehringen beginnt, Örtlichkeiten mit recht originellen Namen wie Ortleppsruh, Rittergasser Berg, Baumeisterkreuz, Renn, Alter Berg , Craulaer Lehde, Vor dem Kreuz, Schäfers Busch, Otterbühl, Kronenbergwiese, Eiserne Hand, Ihlefeld und Betteleiche, Totenkopf, Steinerner Tisch, Methas Ruh, Struppeiche, Trockenes Schildchen, Dornschildchen, Ritzhäuser Ladestelle, Grenzhaus und Luthereiche. In Eigenrieden ist die Tour zu Ende.

Wander-vorschläge

1. Rundwanderweg Sulzrieden (4 km)

Von Berka vor dem Hainich aus erreicht man den Parkplatz im Langen Tal, wo die Rundwanderung beginnt. In der Nähe befinden sich kulturhistorisch interessante Orte, z.B. die Wüstung Sulzrieden. Grabungen aus dem Jahre 1936 ergaben, daß es sich hierbei vermutlich um eine der wenigen westlichen Slawensiedlungen in Thüringen handelt, die aus dem 9. oder 10. Jahrhundert stammt. Bereits im 16. Jahrhundert wurde Sulzrieden wieder aufgegeben. Unweit der Wüstung findet man die „Mallinde" und den „Malstein". Heute feiern die Berkaer nahe dieser Stelle ihr jährliches Waldfest.

Der Weg führt kurvenreich zum nordöstlich gelegenen Waldrande des Burgberges. Auf seinem Rücken sind noch heute Wall- und Grabenspuren zu entdecken, es gibt jedoch keine Urkunden über deren Herkunft. Jetzt zweigt man nach links ab und geht am Waldrand entlang bis zum Fahrweg des Langen Tales. Hier blühen im Frühsommer in beeindruckender Vielzahl Orchideen, wie Stattliches Knabenkraut oder Weißes Waldvögelein. Den Fahrweg überquerend führt die Strecke weiter Richtung Nordwesten, vorbei an einem Wiesental bis zum gegenüberliegenden Waldrand des Eichenberges.

In nordöstlicher Richtung wandert man nun geradeaus auf einem alten Rückeweg am Waldrand entlang, vorbei an alten Buchenbeständen mit zahlreichen toten Bäumen, die dem Wald bereits urwaldähnliche Züge verleihen, bis man an anderer Stelle wieder den Fahrweg im Langen Tal erreicht. Nun geht es leicht ansteigend in einem kühlen feuchten Waldtälchen bergan. Kleine verschwiegene Seitentäler münden in den Wanderweg ein und nach ca. einer halben Stunde biegt man rechts in eine Rückegasse, die anfangs sanft und später steiler bergauf führt. An einer Wegkreuzung fällt der Blick auf eine kleine Lichtung, den sogenannten „Gänserasen". Der urwaldartige Eindruck steigert sich, je höher man ansteigt. Einer alten, gewaltige Fichte, dem „Tännchen" begegnet der Wanderer auf der Hälfte der Strecke.

Oben angelangt, trifft der Weg auf den Rand des Kindels. Im Zuge der früheren Nutzung als militärisches Übungsgelände sind hier zu Beginn der 80er Jahre größere Laubwaldteile kahlgeschlagen worden. Heute wächst ohne menschliches Zutun auf riesiger Fläche bunt gemischter Jungwald heran. Der Pfad führt in südwestlicher Richtung am Rande des Kindels langsam bergab. Besonders an den lichteren Stellen begleitet den Wanderer im Frühjahr und Sommer ein Meer von Blütenpflanzen.

Neben den zahlreichen Orchideen fällt im Juni die reichlich vorkommende Türkenbundlilie besonders ins Auge. Bald erreicht man wieder den Hang des Burgberges. Der Weg führt steil bergab, mitten durch die Schutzzone I des Nationalparkes, in der keine forstliche Nutzung mehr stattfindet. Links am Rande des Kindels weisen Schilder auf die Gefahren des Militärischen Sicherheitsbereiches hin. Wieder am Fuße des Burgberges angelangt, ist bald der Ausgangspunkt des Rundwanderweges am Langen Tal erreicht.

2. Auf dem Rennstieg von Heyerode nach Kammerforst (17 km)

Auf der Straße von Oberdorla nach Heyerode passiert man das aus dem Jahre 1650 stammende Grenzhaus. Hier beginnt die Wanderung. Südlich der Straße verschwindet der mit „**R**" markierte Rennstieg im lichten Laubwald. Er trifft auf die „Ritzhäuser Ladestelle", die an den verlassenen Ort Ritzhausen erinnert. Vorbei an der Waldwiese „Dornschildchen" und der Struppeiche, über die Landstraße nach Nazza tut sich nach einiger Zeit zur Rechten ein wunderschöner Blick zum Thüringer Wald und zur Vorderrhön auf. Im 19. Jahrhundert ließen die Herren von Seebach an dieser Stelle einen großen Tisch mit Bänken aus Muschelkalk errichten, der zum Rasten einlädt. Die Wanderung führt weiter zum Ihlefeld und zur knorrigen, wohl fast 800jährigen Betteleiche. Um 1100 sollen hier Antoniusbrüder die Klause „Eilfelden" erbaut haben. Im Jahre 1443 wurde dann das Mönchskloster „Sankt-Katharinen-Ihlefeld" gegründet. In der Eiche hatten die Ihlefelder Mönche einen Geldkasten für milde Gaben angebracht. Im Jahre 1525 wurde das Kloster wieder aufgelöst. Später standen hier drei Forsthäuser, und bis zum Jahre 1964 war die kleine Ansiedlung noch bewohnt.

Vorbei an der „Eisernen Hand", einer bereits 1554 erwähnten Wegemarkierung, quert man über eine Länge von ca. 3 km eine der ehemaligen Schießbahnen des militärischen Übungsplatzes, wo sich heute wieder ein junger Laubwald

Bei Hütscheroda vermitteln Hecken und Einzelbäume einen sanften Übergang zwischen Wald und Feldflur.

entwickelt. Schließlich gelangt man in das Dorf Kammerforst. Hier laden zwei Landgasthöfe zu gemütlicher Rast ein.

3. Nationalpark-Wanderweg „Saugraben" (9 km)

Ausgangspunkt ist der 1,8 km südlich von Kammerforst gelegene Parkplatz „Am Zollgarten". Zuerst überquert man eine größere Freifläche mit jungem Laubwald und erreicht bald ältere Waldbestände. Der Weg führt vorbei am Kellerloch, einer tiefen, teils mit Erlen bewachsenen Erdfallsenke. Ein Stück weiter befand sich die Hünenburg, ein alter Versteckplatz für die Bewohner der umliegenden Dörfer. Weiter geht es am Hünenteich vorbei, einem größeren, allmählich verlandenden Stillgewässer, dessen Entstehung ebenfalls auf einen Erdfall zurückgeht. Prächtige gelbe Schwertlilien erfreuen im späten Frühjahr das Auge des Wanderers. Laubfrösche geben stimmgewaltige Konzerte. Auch der Bergmolch ist hier heimisch. Die Tour führt weiter durch baumartenreichen Wald mit zahlreichen toten Bäumen. Vorbei an einem kleinen Erlenbruch, einer Seltenheit im Hainich, erreicht der Wanderer den Waldrand an der Mülverstedter Chaussee. Der Blick reicht von hier über Streuobstwiesen hinweg weit ins Thüringer Becken.

An dieser Stelle zweigt die Route ins Brunstal ab, das von einem tiefen Erosionsgraben durchzogen wird. Wege begleiten den Graben auf beiden Seiten und es bleibt dem Wanderer überlassen, welchen er wählt. Im Frühjahr ist der Graben des Tales bedeckt von einem Teppich von blühenden Märzenbechern und später von Bärlauch. Man befindet sich hier in der Schutzzone 1 des Nationalparks. Die Vielfalt der Baumarten ist beeindruckend. Nach der Kehrschleife am oberen Ende des Brunstales führt der Weg noch ein kurzes Stück weiter und biegt dann in nordwestlicher Richtung ab. Junger Laubwald, dicke alte Bäume, darunter auch beeindruckend starke Ulmen, und stehendes und liegendes Totholz bieten ein abwechslungsreiches Bild. Der Besucher fühlt sich hier wie in einen Urwald versetzt.

Wieder an der Mülverstedter Chaussee angelangt, verläßt man die Schutzzone I des Nationalparks. Sanft abfallend führt nun der Weg durch Jungwald und endet am „Mittelweg". Durch junge Bestände mit schon recht hohen Eschen, Eichen, Berg- und Spitzahornen erreicht man das Offenland. Hier bietet sich ein herrlicher, umfassender Blick hinein ins Thüringer Becken. Gutes Wetter vorausgesetzt, sieht man den gesamten nördlichen Hainich, den Dün, die Hainleite, die Stadt Mühlhausen und die umliegenden Dörfer, die Talsperre Seebach und die Fahnerschen Höhen. Mit diesem Bild vor Augen gelangt man wieder zum Parkplatz „Am Zollgarten", wo die Wanderung ihren Abschluß findet.

4. Von Behringen über das Reckenbühl nach Kammerforst (17 km)

Die Wanderung beginnt im Schloßpark in Behringen. Die hier aufgestellten Skulpturen wurden im Rahmen eines Bildhauersymposiums von Künstlern aus ganz Europa geschaffen. In Verlängerung der Straße stößt ein Feldweg 500 m vor dem Waldrand auf den Rennstieg, der zwischen Wald und Streuobstwiesen entlangführt. Am Waldrand erreicht man den „Wartburgblick", einen herrlichen Aussichtspunkt, der den Blick freigibt zum Kamm des Thüringer Waldes, zum Inselsberg und zur Wartburg. Anschließend führt der Weg in den Hochwald hinein, vorbei an dem überdachten Rastplatz „Ortlepps Ruh" und nach ca. 4 km Strecke erreicht man das „Baumeister Kreuz", ein altes Sühnekreuz, das 1858 hierher versetzt wurde.

Wander-vorschläge

Weiter geht es über den Alten Berg, mit 494 m die höchste Erhebung des Hainichs. Man verläßt den Hochwald und gelangt an den Rand einer Wiesenfläche. Bald darauf erreicht man das „Craulaer Kreuz". 1929 wurde es an dieser Stelle wiedergefunden und ausgegraben. Das heutige Kreuz ist eine Nachbildung. Über die „Craulaer Hausmassen", vorbei am Otterbühl, quert der Weg die Kronenbergwiese. Anschließend passiert man den Wegweiser „Eiserne Hand" und das Ihlefeld mit der Betteleiche. Einst kreuzten sich hier mittelalterliche Straßen. Die „Hohe Straße" war eine wichtige Handelsroute, auf der Salz, Getreide und Färberwaid transportiert wurden. Von hier geht es zur Freifläche des „Reckenbühl", das vermutlich schon um 1100 als Gutshof der Klause „Eilfelden" entstand. Die umgebende Wiese wurde wohl von Rittern als Turnierplatz genutzt, daher der Name „Reckenbühl". Hier verläßt man den Rennstieg und gelangt über den „Großen Schneisenweg" nach Kammerforst, wo sich zum Abschluß der Wanderung noch ein Besuch der Nationalparkausstellung „Naturerbe Hainich" im Obergut anbietet.

5. Rundwanderung von Behringen über den Rabenhög und den Alten Berg zurück nach Behringen (15 km)

Ausgangspunkt ist wiederum das im 16. Jahrhundert vom Ritter Friedrich von Wangenheim erbaute Schloß in Behringen, das später in den Besitz des Kammerherrn Trütschler von Falkenstein gelangte. Der Weg führt anfangs kurz über den Rennstieg. Bald erreicht man einen lohnenden Aussichtspunkt mit Sitzbank am Waldrand. Hier zweigt der Weg rechts ins Tal ab, vorbei am unteren Eingang des „Rabenhögs", ein Muschelkalksteinbruch aus dem letzten Jahrhundert, der mit der Geschichte geologischer Forschung in Thüringen verbunden ist. Weiter geht es durch das feuchte Tal bergan. Nach ca. 20 Minuten tritt man aus dem Wald hinaus ins Freie und hat die Craulaer Wachholdertrift vor sich. Mit etwas Phantasie erkennt man in den skurril geformten Wachholderbüschen Fabelwesen und Märchengestalten. Die unter Naturschutz stehenden Hänge sind reich an seltenenen Pflanzen. Nach links geht es nun zur „Craulaer Lehde" und von hier zum Alten Berg. An der Nationalparkgrenze entlang führt der Rennstieg zurück nach Behringen.

Anmerkung:

Die Nationalparkverwaltung bereitet zur Zeit die Ausweisung von neun Rundwanderwegen vor, die jeweils ein Tier- oder Pflanzensymbol als Markierung erhalten (Tabelle). Davon wurden die Wege Nr. 2 und Nr. 7 in unserem Text beschrieben. Nähere Auskünfte und Kartenmaterialien sind an der Nationalparkinformation in Bad Langensalza erhältlich.

Geplante Wanderwege im Nationalpark Hainich

Nr.	Name	Symbol
1	Betteleichenweg	Betteleiche
2	Wanderweg Saugraben	Wildschwein
3	Wanderweg Hünenteich	Molch
4	Wanderweg Brunsttal	Ahornblatt
5	Wanderweg Craulaer Kreuz	Steinkreuz
6	Wanderweg Sperbers Grund	Sperber
7	Wanderweg Sulzrieden	Eule
8	Wanderweg Bummelkuppe	Buchenblatt
9	Naturpfad Thiemsburg	Eichenblatt

10. Anhang

Der Nationalpark Hainich in Stichworten

Lage und Gebietscharakter

Im Westen des Thüringer Beckens, zwischen Mühlhausen, Bad Langensalza, Eisenach und Eschwege. Größe des Nationalparks: 7.600 ha Fläche, im wesentlichen die beiden ehemaligen Truppenübungsplätze Kindel und Weberstedt im Süden des Hainichs umfassend, davon 2.100 ha unbewirtschaftete Schutzzone I. Größte Höhe mit 494 m über NN am Alten Berg. Von dort Aussichten nach Süden zur Wartburg bei Eisenach, zum Thüringer Wald und zur Rhön.
Nördlich des Nationalparks die im Besitz von Laubgenossenschaften befindlichen Buchenplenterwälder, die seit etwa 150 Jahren im Plenterbetrieb von den altrechtlichen Laubgenossenschaften bewirtschaftet werden.

Hainich: Gehört zur Großlandschaft „Thüringer Becken und Randplatten" mit den meist Buchenwälder tragenden Muschelkalkhöhenzügen Dün und Hainleite. In der Längsachse von Nord nach Süd ca. 20 km lang bei 4 - 8 km Breite. Geschlossene Waldfläche ca. 15.000 ha. Flachwellige, geschlossen bewaldete Muschelkalkhochfläche, die vom östlich gelegenen Thüringer Becken allmählich ansteigt, zum Werratal hin steil abbricht. Dort Übergang in das von der Werra und ihren Zuflüssen tief zertalte Werra-Bergland. Im Norden grenzt das Eichsfeld an.

Geologie und Böden

Geologischer Untergrund: Kalke, Mergel, z.T. Dolomite aller Muschelkalkfolgen. Auf der Hochfläche Lößablagerungen und Auslaugungssenken, die zur Vernässung neigen, Erdfälle und bisher nicht erschlossene Karsthöhlen.

Flora

Typische Bäume und Sträucher: Rotbuche, Stiel- und Traubeneiche, Hainbuche, Linde, Esche, Elsbeere, Feld-, Berg- und Spitzahorn, Wildkirsche, Bergulme, Schwarzerle, Hängebirke, verschiedene Weidenarten, Rote Heckenkirsche, Seidelbast, Wildrosen, Weißdornarten, Haselstrauch und Hirschholunder.
Charakteristische Blütenpflanzen: Hohler Lerchensporn, Anemone, Leberblümchen, Grüne Nieswurz, Zwiebel-Zahnwurz, Sanikel, Akelei, Waldgoldstern, Märzenbecher, Quirl-Weißwurz, Bärlauch, Türkenbundlilie, Bleiches und Rotes Waldvögelein, Fuchssches Knabenkraut, Nestwurz.

Fauna

Wirbeltiere: Die Säugetierfauna umfaßt unter anderem: Dachs, Hermelin, Iltis, Mauswiesel, Steinmarder, Fuchs, Siebenschläfer, Haselmaus, neun Fledermausarten (darunter Bechsteinfledermaus, Kleine Bartfledermaus), Rot-, Schwarz-, Dam- und Rehwild. Besonderer Erwähnung bedarf das Vorkommen der Wildkatze.
Unter den bislang nachgewiesenen 105 Brutvogelarten: Schwarzstorch, Birkhuhn, Uhu, Waldkauz, Baumfalke, Wiesenweihe, Bekassine, Wachtelkönig, Hohltaube, Klein-, Schwarz- und Mittelspecht, Raubwürger, Neuntöter, Braun- und Schwarzkehlchen.
Amphibien: Feuersalamander, Gelbbauchunke, Kreuzkröte, Laubfrosch.
Wirbellose Tiere: typische Arten des Laubwaldes dominieren: Schluchtwaldlaufkäfer, Buchenbock, Weberbock, Rehschröter, weiterhin ca. 170 holzbewohnende Käferarten, 58 Tagfalterarten, wie z.B. Großer Schillerfalter, Pflaumenzipfelfalter, Hylas-Bläuling, sind unter den Insekten hervorzuheben.

Da muß man hin

Alter Berg mit Aussicht zur Wartburg, zum Thüringer Wald und zur Rhön, Ehemaliges Forsthaus Thiemsburg (älteste Eichen und Elsbeerbäume des

Gebiets), Betteleiche und Eiserne Hand am Rennstieg beim Ihlefeld, Oberdorlaer Erdfälle, Opfermoor und Mittelpunkt Deutschlands bei Niederdorla, Grenzhaus Heyerode, Nationalpark-Ausstellung Kammerforst, Staatliche Vogelschutzwarte Seebach (Führungen nach Vereinbarung).

Wandern im Hainich

Wandern im Hainich kann man zu jeder Jahreszeit. Besonders zu empfehlen sind das Frühjahr mit den reichen Blütenteppichen der typischen Buchenwaldflora und der Herbst mit seinem imposanten Farbenspiel der Laubverfärbung. Routen erschließen u.a. den 30 km langen Höhenweg des Hainichs, den Rennstieg. Bei Schlechtwetter bietet u.a. die reichhaltige Baukultur der Städte Bad Langensalza, Mühlhausen und Eisenach mit der Wartburg sowie zahlreiche Fachwerkbauten und Herrensitze in den Dörfern alternative Ziele.

Kultur und Museen

Bad Langensalza: Kurbad, historische Stadtmauer, Marktkirche und Altstadtkern (Flächendenkmal), ehemaliges Augustinerkloster mit Heimatmuseum.
Mühlhausen: Museum am Lindenbühl, Marienkirche, Divi-Blasii-Kirche, historische Wehranlagen, Rathaus mit Reichsstädtischem Archiv, Altstadt mit reichem mittelalterlichem Gebäudebestand. Creuzburg mit Burg (Museum) und romanischer Werrabrücke, Treffurt.
Volkenroda: Kloster, 1000jährige Eiche; Niederdorla: Opfermoor mit Museum und geographischer Mittelpunkt Deutschlands. Kloster Zella bei Lengenfeld unterm Stein.

Adressen und Auskünfte

Nationalparkinformation: 99947 Bad Langensalza, Bei der Marktkirche 9, Tel. 03603/ 390728.

Nationalparkverwaltung: 99947 Bad Langensalza, Bei der Marktkirche 9, Tel. 03603/ 39070

Verwaltung des Naturparks Eichsfeld-Hainich-Werratal, der den Nationalpark umgibt: Sitz in 37318 Fürstenhagen, Dorfstraße 19, Tel. 036083-42273.

Thüringer Landesanstalt für Umwelt Jena, Staatliche Vogelschutzwarte Seebach, Lindenhof 3, 99991 Seebach, Tel. 03601-440565.

Führungen: Können über die Nationalparkinformation Hainich organisiert werden.

Anreise

Mit der Bahn: Linie Erfurt-Eichenberg-Kassel mit Stationen in Mühlhausen, Bad Langensalza oder Seebach (Vogelschutzwarte). IC-Verbindung Frankfurt/M. - Erfurt mit Station in Eisenach.

Mit dem Auto: Von der Autobahn A4 in Eisenach-Ost abfahrend, an der Ostseite des Hainichs zu den Orten Mihla, Nazza, Heyerode oder über die B84 nach Behringen, Bad Langensalza. Über die A4-Abfahrt Gotha erreicht man Bad Langensalza und Mühlhausen über die B247. Lokale Busverkehrslinien erschließen zahlreiche Anliegergemeinden.

Unterkünfte

Das Fremdenverkehrsamt 99974 Mühlhausen, Ratsstr. 20, (Tel. 03601/ 452335) und die Bad Langensalza-Information 99947 Bad Langensalza (Tel. 03603/ 842568) vermitteln Hotels und Pensionen.
Gaststätten: In der Umgebung gibt es in fast allen Orten Einkehrmöglichkeiten.
Jugendherberge (einfach): in Craula

Mit dem Rad unterwegs

Entlang der Unstrut zieht sich ein neu gestalteter Radweg nach Bad Langensalza und Mühlhausen. Von hier aus ist der Hainich auf nicht stark befahrenen Straßen zu erreichen.

Im Nationalpark natürliche Prozesse verstehen lernen

Kaum einer findet sich im Wirrwarr der Begriffe für ganz unterschiedliche Schutzgebietskategorien wie Naturpark, Biosphärenreservat oder Nationalpark zurecht. Während **Naturparke**, von denen es in Deutschland 68 (weitere in Vorbereitung) gibt, in erster Linie der Fremdenverkehrsförderung dienen und weniger dem Naturschutz und daher kaum wirtschaftliche Einschränkungen beinhalten, schützen **Biosphärenreservate** von menschlicher Tätigkeit geprägte Kulturlandschaften, die auch strenger geschützte Teile enthalten. Sie sollen gleichzeitig zu Modellregionen entwickelt werden, wo naturverträgliche Nutzungen des Menschen Vorrang haben. Im Rahmen des Programms „Man and the Biosphere" (MAB) sind sie gleichzeitig in ein internationales Netz von Umweltbeobachtungsstellen eingebunden.
Der Reservatstyp, der zur höchsten Schutzgebietskategorie gehört, ist der **Nationalpark**, der das nationale Naturerbe großflächig am effektivsten schützt. Er sollte in seiner Bedeutung stärker als bisher ins Bewußtsein der Öffentlichkeit gehoben werden. Nach den Festlegungen der Internationalen Naturschutzorganisation (International Union for Conservation of Nature and Natural Resources, IUCN), die weltweit auch für die internationale Anerkennung von Nationalparken zuständig ist, sind Nationalparke großräumige Naturlandschaften von nationaler und internationaler, oft weltweiter Bedeutung. Sie umfassen Lebensräume, die durch menschliche Nutzung nicht oder nicht wesentlich verändert sind bzw. sich nach früherer Beeinträchtigung wieder zu Naturlandschaften zu regenerieren vermögen.

Das vorrangige Ziel in einem Nationalpark, neben Bildung, Erholung und Forschung, besteht im Schutz der natürlichen Entwicklungsprozesse ohne menschliche Eingriffe, d.h. auch ohne Nutzung, auf mindestens drei Vierteln der Nationalparkfläche nach dem Motto „Natur Natur sein lassen!" Was bedeutet das in der Praxis? Was sind natürliche Entwicklungsprozesse, z.B. in einem Wald? Nicht wenige Menschen in Deutschland, die Wildnis nie kennengelernt haben, glauben, daß ein Wald nicht ohne Pflege des Menschen wachsen und gedeihen kann. Liegt darin nicht eine ungeheure Selbstüberschätzung des Menschen und seines Tuns? Die heute noch vorhandenen Urwälder haben ohne Menschenhand die Zeiten überdauert. Die dort lebenden Pflanzen und Tiere haben sich trotz oder besser durch sogenannte „Katastrophen" an neue Umweltbedingungen angepaßt und verändert oder immer wieder ihre Lebenszyklen durchlaufen. Arten und ganze Lebensgemeinschaften sind gekommen und gegangen, und Organismen haben sich von einfacheren Formen zu komplizierteren weiterentwickelt, ein Prozeß, der seit Darwin als „Evolution" bezeichnet wird.
Naturereignisse wie Stürme, Lawinen, Insektenfraß oder durch Blitzschlag ausgelöste Brände gehören ebenso zum natürlichen Geschehen wie das Werden und Vergehen im Wechsel der Jahreszeiten. Wälder mit all ihren

darin lebenden Organismen sind an solche Störereignisse seit Jahrtausenden angepaßt und benötigen nicht die „helfende Hand" des Menschen. So war es auch eine logische Konsequenz, daß 1988, als im Yellowstone Nationalpark rund 300.000 ha Wald abbrannten, die amerikanische Regierung entschied, nur an wenigen Stellen zum Schutze von Menschen und Gebäuden einzugreifen und es ansonsten brennen zu lassen. Die abgebrannten Wälder boten zunächst für uns Europäer ein ungewohntes, trostloses Bild. Aber nach einem Jahr bereits blühte ein Meer von roten Weidenröschen auf den vorher schwarzen Flächen, und nach wenigen Jahren kehrte der Wald zurück. Manche Baumarten benötigen sogar das Feuer zum Öffnen ihrer Zapfen und zum nachfolgenden Keimen. Eine üppige, meterhohe Verjüngung, besonders der Gelbkiefer, kennzeichnet heute das Bild der einstigen Brandflächen in diesem ältesten, weltweit wohl berühmtesten Nationalpark.

Die Sorge mancher Artenschützer, daß ohne Pflegeeingriffe in einem Waldnationalpark die Arten offener Landschaften verschwinden würden, ist dann unbegründet, weil durch Naturereignisse, die wir aus menschlicher Sicht „Katastrophen" nennen, kleine und große Lücken in der Waldlandschaft immer wieder neu entstehen. Auch auf den von Borkenkäfern befallenen Flächen des Nationalparkes Bayerischer Wald sprießt bereits heute eine neue Baumgeneration – überraschend schnell und artenreicher als zuvor. Es wird sicher ein anderer Wald aufwachsen als wir ihn gewohnt waren – dafür sorgen nicht nur der Baumartenwechsel, der typisch für die flächige Verjüngung im Naturwald ist, sondern auch menschengemachte Einflüsse wie Klimaerwärmung sowie Schad- und Nährstoffeintrag aus der Luft. Es läßt sich vorhersagen, daß der neue Wald mehr Laubbäume enthalten und die Buchenwaldgrenze höher hinaufsteigen wird. Örtlich werden auch kurzlebige Arten wie die Eberesche am Kamm vorübergehend die Vorherrschaft erlangen. Vielleicht gewinnt auch das schon verloren geglaubte Birkhuhn als Nutznießer natürlicher „Katastrophen" Lebensräume zurück. Im Bayerischen Wald wird die neue Baumgeneration jedenfalls besser angepaßt sein an die jetzt und künftig herrschenden Bedingungen als der alte von Fichten beherrschte, absterbende Wald. Wir sollten dies als Chance begreifen, die Prozesse der Walderneuerung sorgfältig beobachten und für unsere Wirtschaftswälder daraus lernen!

In einem Laubwald wie dem Hainich werden die natürlich entstehenden Lücken wahrscheinlich viel kleiner ausfallen als in einem Nadelwald. Hier gibt es keine Insekten, die ähnlich dem Borkenkäfer in Fichtenbeständen großflächiges Absterben verursachen. Nach Kahlfraß durch die Raupen des Buchenrotschwanzes, der Teile der Hainichwälder in größeren Abständen schon früher mehrfach betraf, überdauerten die Bäume diese Schäden. Die sich im Hainichnationalpark langfristig ausbildenden Lückensysteme werden sicher für größere Tierarten offener Lebensräume wie Birkhuhn, Bekassine, Wachtelkönig und Raubwürger, um nur einige zu nennen, zu kleinflächig bleiben, und diese Arten werden daher allmählich verschwinden. Dies muß aber in der unbewirtschafteten Schutzzone I in Kauf genommen werden, wenn man nicht ständig gegen den natürlichen Prozeß der Wiederbewaldung ankämpfen, d.h. „Naturschutz" gegen die Natur betreiben will. Nationalparke sind aber auch der Bewahrung der Artenvielfalt verpflichtet. Spezielle Artenschutzmaßnahmen können und sollen in die Pflegezone und ins Umfeld des Nationalparks verlagert werden, die Pufferfunktionen ausüben müssen. Hier kommt dem Naturpark Eichsfeld - Hainich - Werratal eine besondere Funktion zu! Für alle Pflanzen und kleinere Tierarten – Kleinsäuger, Lurche und viele Wirbellose offener Lebensräume – sind die Chancen, langfristig im Nationalpark zu überdauern, aber gegeben.

Flade, M. (1998): Sumpfmeise oder Wiedehopf – Der Falke (im Druck)

Gutbier, H. (1894): Der Hainich. Langensalza (48 S.)

Henschel, U. & T. Stephan (1995): Der Thüringer Hainich – ein echter deutscher Wald. – GEO Nr. 11: 62-82

Klaus, S. (1997): Lutherbuche und Betteleiche – der Hainich.- In: Naturland Deutschland (Hersg. H. Bibelriether). Kosmos Stuttgart. P. 212-215

Klaus, S. & E. Reisinger (1994): Der Hainich in Thüringen – vergessenes Laubwaldgebiet mitten in Deutschland. Nationalpark Nr. 83 (2/94): 30-34

Klaus, S. & E. Reisinger (1995): Der Hainich – ein Weltnaturerbe.- Landschaftspflege und Naturschutz in Thüringen (Sonderheft) 32: 1-32

Klett, B. (1924): Die Geschichte der Jagd und der Fischerei im Gebiet der ehemaligen freien Reichsstadt Mühlhausen. Mühlhausen

Korpel, St. (1995): Die Urwälder der Westkarpaten. Stuttgart (310 S.)

Leibundgut, H. (1981): Europäische Urwälder der Bergstufe. Bern (308 S.)

Remmert, H. (1991): Eine Lanze für den Buchenwald-Nationalpark. – Nationalpark 4/91, 49-51

Remmert, H. (1994): Das Mosaikzyklus-Konzept und seine Bedeutung für den Naturschutz. – Naturschutzreport 7: 11 - 21

Scherzinger, W. (1996): Naturschutz im Wald. Stuttgart (447 S.)

Schulze, E. - D. (1998): Biodiversität und Ökosystemfunktionen in temperaten laubabwerfenden Wäldern. – Naturschutzreport (im Druck)

Westhus, W. & S. Klaus (1993): Landschaftsteile mit gesamtstaatlicher Bedeutung für den Arten- und Biotopschutz – offene Liste für das Land Thüringen. – Landschaftspflege Natursch.Thür. 30, 85-93

Glossar - Fachbegriffe kurz erklärt

Aspekt: hier: Blühphase im Jahresablauf eines Laubwaldes

atlantisch: vom Atlantischen Ozean beeinflußtes Klima (niederschlagsreich, wintermild)

Biosphärenreservat: Großflächiges Schutzgebiet aus dem internationalen Programm „Mensch und Biosphäre" zur Erhaltung extensiv genutzter Kulturlandschaften. Anerkennung verleiht die UNESCO. In Thüringen besitzen Rhön und Vessertal diesen Schutzstatus.

Bodensauerer Buchenwald: Buchenwald auf sauerem Grundgestein (z.B. Urgesteine, Sandstein, Diabas, Basalt).

Boreale Waldzone: nördliche Nadelwaldzone (z.B. in Skandinavien, nördliche Taiga).

Buchenrotschwanz: Auch Buchenrotschwanzspinner (*Dasychira pudibunda*) genannt, dessen Raupe sich von Rotbuchenblättern ernährt. Bei Massenbefall können Buchen kahl gefressen werden.

Erdfall: Durch Auslaugung im Untergrund (z.B. über Gips oder Salzlagern) entstandene Senkung der Oberfläche, die sich mit Wasser füllen kann.

Evolution: Stammesgeschichtliche Entwicklung der Lebewesen von niederen zu höheren Formen.

Geophyt: Pflanzen, die aus Reserveorganen (Zwiebeln, Knollen, Wurzelstökken) früh im Jahr auszutreiben vermögen und früh blühen.

Halbtrockenrasen: Lückige, von nieder- bis mittelwüchsigen Gräsern und Kräutern geprägte Magerrasen trockener bis mäßig trockener Standorte auf Fels, Kies, Sand, Kalk, Gips, Lehm oder Ton; im Hainich auf Muschelkalk, z.T. mit eingestreuten Büschen und Bäumen.

Horst: Hier: Nest großer Vögel (Adler, Störche, Reiher)

Kalkbuchenwald: Buchenwald auf basisch verwitterndem Gestein.

Karstquelle: Stark schüttende Quellform, die aus unterirdischen Wasserströmen im Kalkgestein, Dolomit oder Gips gespeist wird, meist in Verbindung mit Karsthöhlen, die durch Auslaugung entstehen.

Kolk: Tiefe Stellen im Bachbett, meist durch Wasserwirbel entstanden.

Kontinentalklima: Klima über großen Landmassen des Kontinents (warme, trockene Sommer, kalte Winter)

Landschaftspflege: Pflegemaßnahmen zur Erhaltung von Lebensräumen und ihrer typischen Artenausstattung.

Landschaftsschutzgebiet (LSG): Schutzstatus nach dem Naturschutzgesetz mit dem Ziel, die Leistungsfähigkeit des Naturhaushalts und die Nutzung oder Regenerationsfähigkeit der Naturgüter zu erhalten, wiederherzustellen oder zu entwickeln sowie die Vielfalt, Schönheit und Erholungseignung einer Landschaft zu sichern. Für den Naturschutz jedoch in der Regel von geringer Wirksamkeit, vom Inhalt der Schutzverordnung abhängig. In Deutschland bestehen derzeit 5.900 Landschaftsschutzgebiete, die 24,6 Prozent des Bundesgebietes einnehmen.

Laubgenossenschaft: Besondere Form des gemeinschaftlichen Waldbesitzes im Hainich.

Leitart: Pflanzen- oder Tierart, die mit höchster Stetigkeit in einem Biotoptyp oder in Abhängigkeit von bestimmten Standortfaktoren vorkommt.

LIFE-Programm: Programm der Europäischen Union zur Förderung von Naturschutzprojekten einschließlich Umweltbildung und naturverträglicher Wirtschaftsweisen, künftig konzentriert auf europäische Schutzgebiete der Kategorie FFH (Flora-Fauna-Habitat).

Mastbaum: Begriff aus der Zeit der Waldweidewirtschaft; „masttragende" Bäume sind Buchen und Eichen, die in bestimmten Jahren stark fruchten und deren Früchte als Zusatznahrung für das Weidevieh begehrt waren.

Mineralisation: Abbau komplexer organischer Verbindungen durch Mikroorganismen im Waldboden zu wasserlöslichen Ausgangsstoffen, meist Salzen, die von Pflanzen aufgenommen werden können (Stoffkreislauf).

Mittelwald: Historische Form der Waldnutzung, bei der die Masse des Holzes zu Heizzwecken früh eingeschlagen, ausgewählte Bäume (sogenannte „Laßreitel") jedoch als Bauholz „übergehalten" und in höherem Alter genutzt wurden.

Monokultur: Als Reinkultur einer Planzenart; Begriff aus der Landwirtschaft, wurde auf gepflanzte Forsten mit nur einer Baumart (meist Fichte, Kiefer, aber auch Laubholz) übertragen.

Mosaikzyklus-Konzept: Am Beispiel von Urwäldern entwickeltes theoretisches Modell, das deren Aufbau aus „Mosaiksteinen", meist von gleicher Baumart und gleichem Baumalter, und deren Aufeinanderfolge bei der Waldverjüngung als Kreislauf beschreibt (genaue Erläuterung S. 100).

Nationalpark: Nach den Festlegungen der IUCN (auch zuständig für die internationale Anerkennung von Nationalparken) gesetzlich geschützte großräumige Naturlandschaft von nationaler und internationaler – oft weltweiter – Bedeutung. Umfaßt meist mehrere Ökosysteme (Lebensräume), die durch menschliche Nutzung nicht oder nicht wesentlich verändert sind, bzw. sich nach früherer Beeinträchtigung wieder zu Naturlandschaften zu regenerieren vermögen. Ziele: Schutz der natürlichen Entwicklungsprozesse ohne menschliche Eingriffe, d.h. auch ohne Nutzung auf drei Viertel der Nationalparkfläche, Bewahrung der Artenvielfalt, Bildung, Erholung und Forschung. Genauere Erläuterungen s. S. 149.

Nationalparkeffekt: Nach Einstellung der Jagd legen Großtiere ihre Scheu vor dem Menschen ab und zeigen sich dem Nationalparkbesucher auf relativ kurze Distanz.

Naturpark: Schutzstatus nach dem Naturschutzgesetz, vorrangig ausgewiesen zu Zwecken der Erholung und des Fremdenverkehrs; in den neuen Bundesländern mit stärkerer Naturschutzkomponente als in den alten. In der Bundesrepublik sind 68 Naturparke rechtskräftig ausgewiesen (15,9 Prozent des Bundesgebiets), weitere sind einstweilig sichergestellt.

Naturschutzgebiet (NSG): Nach deutschem Recht die strengste Kategorie eines Schutzgebiets, die auch Betretungsverbote beinhalten kann. Ziel ist es, Lebensgemeinschaften und Biotope bestimmter wildlebender Pflanzen und Tiere zu erhalten. Als Schutzgründe gelten auch Seltenheit, Eigenart oder hervorragende Schönheit von Natur und Landschaft in ihrer Ganzheit oder einzelnen Teilen. Außerdem können wissenschaftliche, naturgeschichtliche oder landeskundliche Gründe einen Schutz erforderlich machen.

Naturwald: Wald, der nach Aufgabe forstlicher Bewirtschaftung oder anderer Nutzungen der natürlichen Entwicklung überlassen bleibt, bzw. Wald, der ausschließlich aus einer rein natürlichen Vegetationsabfolge hervorgegangen ist und meist noch Merkmale früherer menschlicher Einwirkungen erkennen läßt.

Naturwaldreservat: Geschütztes Waldgebiet zur Erhaltung, Entwicklung und Erforschung eines naturnahen Waldlebensraumes, das entsprechend einem festgeschriebenen Entwicklungsziel bewirtschaftet wird.

Ökosystem: Beziehungsgefüge belebter und unbelebter Natur von Organsimen und ihrem Lebensraum, die durch Stoff- und Energiekreisläufe mannigfach miteinander verbunden sind.

Pflanzengesellschaft: Gemeinschaft von Pflanzen an einem Standort. Der Botaniker benennt diese nach wenigen typischen Vertretern (Leitarten).

Plenterwald: Ungleichaltriger Wald, bei dem Einzelstämme geerntet werden und die Verjüngung durch natürliche Keimung (ohne Aussaat oder Pflanzung) erfolgt. Meist aus Fichten, Tannen, Buchen bestehend, im Hainich vorwiegend aus Rotbuchen.

Prozeßschutz: Schutz natürlicher Entwicklungsvorgänge (dynamischer Prozesse) ohne Eingriffe des Menschen, das bedeutet ohne „Pflege" und ohne wirtschaftliche Nutzung. Oberstes Ziel in Nationalparken.

Rio-Konvention: Übereinkommen über die biologische Vielfalt, 1992 im Rahmen der Konferenz der Vereinten Nationen für Umwelt und Entwicklung in Rio de Janeiro verabschiedet. Ziele sind der weltweite Schutz und die ökologisch nachhaltige Nutzung von Tier- und Pflanzenarten sowie ihrer Lebensräume und die Erhaltung des darin geborgenen Reichtums.

Rote Liste: Artenverzeichnis, in dem die ausgestorbenen und mehr oder minder stark gefährdeten Arten in einem politisch abgegrenzten Gebiet (Deutschland, Bundesland) aufgeführt sind. Dient der Dokumentation von Folgen menschlichen Handelns für Arten und ihre Populationen. Sie sind kein juristisches Instrument, sondern ein wissenschaftliches Gutachten ohne Rechtsverbindlichkeit, in Deutschland entstanden nach dem Vorbild des Red Data Book der IUCN.

Rotfäule: Eigentlich Weißfäule, beruht auf der Fähigkeit eines holzzerstörenden Pilzes (Wurzelschwamm) im Innern von Fichten, ohne den Baum abzutöten, durch Stoffwechselprodukte eine Rotfärbung der Zellulose hervorzurufen. Dies geschieht meist auf ungeeignetem Standort (z. B. Muschelkalk) oder nach dem Schälen durch Rotwild.

Schutzzone: Der Nationalpark Hainich ist in zwei Schutzzonen gegliedert. In der Schutzzone I, die sich auf zwei Teilflächen verteilt, finden keine Nutzungen mehr statt. In der Schutzzone II (Entwicklungszone) werden zur Zeit noch Bäume eingeschlagen und Schafe gehütet. Entwicklungsziel ist die schrittweise Erweiterung der Zone I, bis die Bedingungen für eine internationale Anerkennung gegeben sind.

Subatlantisch: Abgeschwächt atlantisch beeinflußter Klimabereich.

Sukzession: Zeitliche Abfolge verschiedener pflanzlicher oder tierischer Organismengemeinschaften. Primäre S.: erstmalige Besiedlung z.B. von Vulkaninseln, Kiesbänken. Sekundäre S.: Wiederherstellung des ehemaligen Zustands nach stärkeren Eingriffen von außen (Kahlschlag, Brand, Beweidung, Ackerbau). Ungelenkte Sukzession läuft ohne Eingreifen des Menschen ab.

Telemetrie: Hier: Methode zur Markierung von Tieren mit Kleinstsendern und deren Ortung mittels geeigneter Antennen und Peilgeräte. Heute unverzichtbare Technik in der modernen Wildtierforschung.

Thüringer Becken: Landschaftseinheit in der Mitte Thüringens mit hoher landwirtschaftlicher Nutzungsintensität (Lößböden) und geringem Waldanteil.

Trockenbach: Hier: nur zeitweise (nach Schneeschmelze, Gewitter, Starkregen) wasserführender Bachlauf im Muschelkalkgebiet.

Ulmensterben: Verbreitete Pilzerkrankung an Ulmen, die zur Verstopfung der Leitungsbahnen im äußeren Splintholz und damit zum Welken und Absterben führt. Wird durch den Ulmensplintkäfer übertragen. Trockenheit und andere Umwelteinflüsse begünstigen die Infektion.

Urwald: Ausgedehnter Waldkomplex, dessen Vegetation, Baumartenmischung und Aufbau seit jeher ausschließlich durch natürliche Standort- und Umweltfaktoren bedingt wurden. Charakterisiert durch ein natürliches Waldbeziehungsgefüge mit natürlicher Pflanzen- und Tierwelt, der nach Bränden oder Naturkatastrophen durchaus auch gleichalte und wenig diverse Flächen besitzen kann. Die große Flächenausdehnung ist erforderlich, damit sich im Innern des Waldes die Einflüsse der durch den Menschen geprägten Umgebung verlieren.

Waldgesellschaft: s. Pflanzengesellschaft

Wildnisgebiet: Schutzgebietskategorie der IUCN. Rechtlich dauerhaft geschützte Gebiete von großer Ausdehnung, in denen jegliche direkte meschliche Einflußnahme ausgeschlossen wird (z.B. auch Brandlöschung), mit der Zielsetzung einer eigendynamischen Entwicklung von bzw. zu natürlichen Ökosystemen.

Wildsuhle: Nasse Kuhle, durch Wälzen („Suhlen") großer Wildtiere (Wildschwein, Rothirsch) in Moor oder Schlamm entstanden und durch traditionelle Benutzung länger wasserführend.

Wirbellose: Kurzform von Wirbellose Tiere (Evertebraten). In diese Gruppe fällt die Hauptzahl aller tierischen Organismen, z.B. Insekten, Spinnen, Weichtiere.

Wirbeltiere: (Vertebraten). Hierzu gehören die Tierklassen der Fische, Amphibien, Reptilien, Vögel und Säugetiere.

Zerkleinerer: Ökologischer Begriff für Tiere, die Pflanzennahrung fressen und dabei zerkleinern.

Zersetzer: Ökologischer Begriff für Organismen, die komplexe Stoffe aufnehmen und abbauen, meist Mikroorganismen wie Pilze und Bakterien.

Artenregister

Wirbeltiere in systematischer Ordnung,
Wirbellose und Pflanzen alphabetisch geordnet

Liste der im Text erwähnten Tierarten

Säugetiere

Igel (*Erinaceus europeus*)
Braunes Langohr (*Plecotus auritus*),
Wasserfledermaus (*Myotis daubentoni*)
Großes Mausohr (*Myotis myotis*)
Fransenfledermaus (*Myotis natteri*)
Kleine Bartfledermaus (*Myotis mystacinus*)
Bechsteinfledermaus (*Myotis bechsteini*)
Breitflügelfledermaus (*Eptesicus serotinus*)
Zwergfledermaus (*Pipistrellus pipistrellus*)
Abendsegler (*Nyctalus* spec.)
Biber (*Castor fiber*)
Siebenschläfers (*Glis glis*)
Haselmaus (*Muscardinus avellanarius*)
Rotfuchs (*Vulpes vulpes*)
Waschbär (*Procyon lotor*)
Mauswiesel (*Mustela nivalis*)
Hermelin (*Mustela erminea*)
Iltis (*Putorius putorius*)
Otter (*Lutra lutra*)
Baummarder (*Martes martes*)
Steinmarder (*Martes foina*)
Wildkatze (*Felis silvestris*)
Wildschwein (*Sus scrofa*)
Damhirsch (*Dama dama*)
Rothirsch (*Cervus elaphus*)
Reh (*Capreolus capreolus*)

Vögel

Rohrdommel (*Botaurus stellaris*)
Schwarzstorch (*Ciconia nigra*)
Rotmilan (*Milvus milvus*)
Wiesenweihe (*Circus pygargus*)
Rohrweihe (*Circus aeruginosus*)
Sperber (*Accipiter nisus*)
Habicht (*Accipiter gentilis*)
Wespenbussard (*Pernis apivorus*)
Mäusebussard (*Buteo buteo*)
Turmfalke (*Falco tinnunculus*)
Baumfalke (*Falco subbuteo*)
Wanderfalke (*Falco peregrinus*)
Birkhuhn (*Tetrao tetrix*)
Rebhuhn (*Perdix perdix*)
Fasan (*Phasianus colchicus*)
Wachtel (*Coturnix coturnix*)
Wachtelkönig (*Crex crex*)
Bläßhuhn (*Fulica atra*)
Kranich (*Grus grus*)
Großtrappe (*Otis tarda*)
Flußregenpfeifer (*Charadrius dubius*)
Großer Brachvogel (*Numenius arquata*)
Hohltaube (*Columba oenas*)
Ringeltaube (*Columba palumbus*)
Turteltaube (*Streptopelia turtur*)
Kuckuck (*Cuculus canorus*)
Waldohreule (*Asio otus*)
Uhu (*Bubo bubo*)
Waldkauz (*Strix aluco*)
Sperlingskauz (*Glaucidium passerinum*)
Rauhfußkauz (*Aegolius funereus*)
Steinkauz (*Athene noctua*)
Wendehals (*Jynx torquilla*)
Schwarzspecht (*Dryocopus martius*)
Grauspecht (*Picus canus*)
Grünspecht (*Picus viridis*)
Mittelspecht (*Dendrocopos medius*)
Buntspecht (*Dendrocopos major*)
Kleinspecht (*Dendrocopos minor*)
Feldlerche (*Alauda arvensis*)
Zaunkönig (*Troglodytes troglodytes*)
Heckenbraunelle (*Prunella modularis*)
Rotkehlchen (*Erithacus rubecula*)
Gartenrotschwanz (*Phoenicurus phoenicurus*)
Hausrotschwanz (*Phoenicurus ochruros*)
Braunkehlchen (*Saxicola rubetra*)
Schwarzkehlchen (*Saxicola torquata*)
Steinschmätzer (*Oenanthe oenanthe*)
Amsel (*Turdus merula*)
Singdrossel (*Turdus philomelos*)
Gelbspötter (*Hippolais icterina*)
Mönchsgrasmücke (*Sylvia atricapilla*)
Gartengrasmücke (*Sylvia borin*)
Sperbergrasmücke (*Sylvia nisoria*)
Waldlaubsänger (*Phylloscopus sibilatrix*)
Fitis (*Phylloscopus trochilus*)
Zilpzalp (*Phylloscopus collybita*)
Wintergoldhähnchen (*Regulus regulus*)
Grauschnäpper (*Muscicapa striata*)
Trauerschnäpper (*Ficedula hypoleuca*)
Halsbandschnäpper (*Ficedula albicollis*)
Zwergschnäpper (*Ficedula parva*)
Sumpfmeise (*Parus palustris*)
Weidenmeise (*Parus montanus*)
Haubenmeise (*Parus cristatus*)
Blaumeise (*Parus caeruleus*)
Kohlmeise (*Parus major*)
Tannenmeise (*Parus ater*)
Schwanzmeise (*Aegithalos caudatus*)
Kleiber (*Sitta europaea*)
Gartenbaumläufer (*Certhia brachydactyla*)
Waldbaumläufer (*Certhia familiaris*)
Neuntöter (*Lanius collurio*)
Raubwürger (*Lanius excubitor*)
Star (*Sturnus vulgaris*)
Pirol (*Oriolus oriolus*)
Eichelhäher (*Garrulus glandarius*)
Tannenhäher (*Nucifraga caryocatactes*)
Elster (*Pica pica*)
Kolkrabe (*Corvus corax*)
Dohle (*Corvus monedula*)
Steinsperling (*Petronia petronia*)
Buchfink (*Fringilla coelebs*)
Kernbeißer (*Coccothraustes coccothraustes*)
Grünfink (*Carduelis chloris*)
Stieglitz (*Carduelis carduelis*)
Gimpel (*Pyrrhula pyrrhula*)
Grauammer (*Miliaria calandra*)
Goldammer (*Emberiza citrinella*)

Lurche und Kriechtiere

Feuersalamander (*Salamandra salamandra*)
Bergmolch (*Triturus alpestris*)
Fadenmolch (*Triturus helveticus*)
Kammolch (*Triturus cristatus*)
Teichmolch (*Triturus vulgaris*)
Geburtshelferkröte (*Alytes obstetricans*)
Gelbbauchunke (*Bombina variegata*)
Erdkröte (*Bufo bufo*)
Kreuzkröte (*Bufo calamita*)
Europäischer Laubfrosch (*Hyla arborea*)
Grasfrosch (*Rana temporaria*)

Zauneidechsen (*Lacerta agilis*)
Waldeidechse (*Lacerta vivipara*)
Ringelnatter (*Natrix natrix*)

Wirbellose Tiere

Bezahnte Achatschnecke (*Azeca goodalli*)
Buchenbock (*Cerambyx scopolii*)
Gemeiner Rosenkäfer (*Cetonia aurata*)
Goldene Acht (*Colias hyale*)
Grasheiden-Scheckenfalter (*Mellicta aurelia*)
Großer Perlmutterfalter (*Mesoacidalia aglaia*)
Großer Schillerfalter (*Apatura iris*)
Hellbraunroter Blattkäfer (*Chrysolina rufa*)
Hufeisenklee-Heufalter (*Colias alfacariensis*)
Hylasbläuling (*Plebicula dorylas*)
Kleiner Laubholzzangenbock (*Rhagium mordax*)
Lederlaufkäfer (*Carabus coriaceus*)
Lilagoldfalter (*Lycaena hippothoe*)
Marmorierter Rosenkäfer (*Liocola lugubris*)
Metallischer Tatzenkäfer (*Timarcha metallica*)
Perlbinde (*Hamaeris lusina*)
Pflaumenzipfelfalter (*Fixsenia pruni*)
Rehschröter (*Platycerus caraboides*)
Riemenschnecke (*Helicodonta obvoluta*)
Rostbinde (*Hipparchia semele*)
Sägebock (*Prionus corarius*)
Schluchtwaldlaufkäfer (*Carabus irregularis*)
Schwalbenschwanz (*Papilio machaon*)
Senfweißling (*Leptidea sinapis*)
Steinrasen-Würfeldickkopffalter (*Pyrgus serratulae*)
Quendelbläuling (*Scolitantides baton*)
Thymianwidderchen (*Zygaena purpuralis*)
Violetter Waldbläuling (*Cyaniris semiargus*)
Weberbock (*Lamia textor*)

Liste der im Text erwähnten Pflanzenarten (alphabetisch geordnet)

Akelei (*Aquilegia vulgaris*)
Bärlauch (*Allium ursinum*)
Behaarte Hainsimse (*Luzula pilosa*)
Bergrispengras (*Poa chaixii*)
Bergahorn (*Acer pseudoplatanus*)
Bergsegge (*Carex montana*)
Bergulme (*Ulmus glabra*)
Blasses Knabenkraut (*Orchis pallens*)
Breitblättriges Knabenkraut (*Dactylorhiza majalis*)
Buchenstachelbart (*Hericium coralloides*)
Buschwindröschen (*Anemone nemorosa*)
Deutscher Enzian (*Gentianella germanica*)
Dornige Hauhechel (*Ononis spinosa*)
Echte Sternmiere (*Stellaria holostea*)
Einbeere (*Paris quadrifolia*)
Einblütiges Perlgras (*Melica uniflora*)
Elsbeere (*Sorbus torminalis*)
Erdbeerfingerkraut (*Potentilla sterilis*)
Esche (*Fraxinus excelsior*)
Espe (*Populus tremula*)
Färberkamille (*Anthemis tinctoria*)
Feldahorn (*Acer campestre*)
Feldthymian (*Thymus pulegioides*)
Fiederzwenke (*Brachypodium pinnatum*)
Fransenenzian (*Gentianella ciliata*)
Frühlingsplatterbse (*Lathyrus vernus*)
Fuchssches Knabenkraut (*Dactylorhiza fuchsii*)
Furchenschwingel (*Festuca rupicola*)
Gefleckter Aronstab (*Arum maculatum*)
Gelbes Windröschen (*Anemone ranunculoides*)
Geweihförmige Holzkeule (*Xylaria hypoxylon*)
Goldnessel (*Galeobdolon luteum*)
Großes Zweiblatt (*Listera ovata*)
Grüne Nieswurz (*Helleborus viridis*)
Grünliche Waldhyazinthe (*Platanthera chlorantha*)
Grünspanbecherling (*Chlorosplenium aeruginosum*)
Hainbuche (*Carpinus betulus*)
Hainwachtelweizen (*Melampyrum nemorosum*)
Haselwurz (*Asarum europaeum*)
Heckenrose (*Rosa* spec.)
Heidelbeere (*Vaccinium myrtillus*)
Helmling (*Mycena* spec.)
Hohe Schlüsselblume (*Primula elatior*)
Hohler Lerchensporn (*Corydalis cava*)
Katzenpfötchen (*Antennaria dioica*)
Kleines Immergrün (*Vinca minor*)
Kleines Knabenkraut (*Orchis morio*)
Leberblümchen (*Hepatica nobilis*)
Maiglöckchen (*Convallaria majalis*)
Märzenbecher (*Leucojum vernum*)
Moschusmalve (*Malva moschata*)
Natternkopf (*Echium vulgare*)
Nesselblättrige Glockenblume (*Campanula trachelium*)
Nestwurz (*Neottia nidus-avis*)
Pyramidenschillergras (*Koeleria pyramidata*)
Quirlweißwurz (*Polygonatum verticillatum*)
Rasenschmiele (*Deschampsia cespitosa*)
Rotbuche (*Fagus sylvatica*)
Rote Heckenkirsche (*Lonicera xylosteum*)
Roter Holunder (*Sambucus racemosa*)
Scharbockskraut (*Ranunculus ficaria*)
Schattenblümchen (*Maianthemum bifolium*)
Schlammling (*Limosella aquatica*)
Schlehe (*Prunus spinosa*)
Schmalblättrige Hainsimse (*Luzula luzuloides*)
Seidelbast (*Daphne mezereum*)
Silberdistel (*Carlina acaulis*)
Sitter-Arten (*Epipactis* spec.)
Spitzahorn (*Acer platanoides*)
Stengellose Kratzdistel (*Cirsium acaule*)
Stieleiche (*Quercus robur*)
Sumpfsitter (*Epipactis palustris*)
Tollkirsche (*Atropa belladonna*)
Torfsegge (*Carex davalliana*)
Filzsegge (*Carex tomentosa*).
Traubenwucherblume (*Tanacetum corymbosum*)
Traubeneiche (*Quercus petraea*)
Türkenbundlilie (*Lilium martagon*)
Verschiedenblättriger Schwingel (*Festuca heterophylla*)
Vogelkirsche (*Cerasus avium*)
Waldgoldstern (*Gagea lutea*)
Waldlabkraut (*Galium sylvaticum*)
Waldreitgras (*Calamagrostis arundinacea*)
Waldbingelkraut (*Mercurialis perennis*)
Waldgerste (*Hordelymus europaeus*)
Waldsegge (*Carex sylvatica*)
Waldveilchen (*Viola reichenbachiana*)
Weidenarten (*Salix* spec.)
Weißdornarten (*Crataegus* spec.)
Weiße Pestwurz (*Petasites albus*)
Weißes Waldvögelein (*Cephalanthera damasonium*)
Rotes Waldvögelein (*Cephalanthera rubra*)
Wiesenstorchschnabel (*Geranium pratense*)
Winterlinde (*Tilia cordata*)
Ysop-Blutweiderich (*Lythrum hyssopifolia*)
Zierliches Tausendgüldenkraut (*Centaurium pulchellum*)
Zwiebelzahnwurz (*Dentaria bulbifera*)
Zunderschwamm (*Fomes fomentarium*)

Index

Fotonachweis

Rudi Heyer: S. 26u., 41, 49o., 83, 119, 125; Siegfried Klaus: S.28o., 28u., 44o, 45, 48, 71, 101, 107, 117, 118, 121, 135, 137 und Rücktitel; Andreas Nöllert: S. 20u., 21u., 44u., 131; Roland Obst: S: 109; Torsten Pröhl: S. 47u.; Wolf Spillner: S. 127; Eckard Titz: S. 29, 82, 97.
Alle anderen Aufnahmen stammen von Thomas Stephan.

Dank

Bei der Arbeit an diesem Buch erhielten wir auf vielfältige Weise Unterstützung. Für Fachdiskussionen, Ratschläge, Durchsicht von Kapiteln und Bereitstellung von Fotos und schwer zugänglicher Literatur danken wir Per Angelstam, Hans-Heiner Bergmann, Hans Bibelriether, Frank Fritzlar, Manfred Großmann, Rainer Haupt, Ulrich van Hengel, Uta Henschel, Rudi Heyer, Walter Hiekel, Walter Kemkes, Margret und Christoph Klaus, Dominic Menzler, Klaus Möhle, Andreas Nöllert, Roland Obst, Czeslaw Okolow, Torsten Pröhl, Ernst-Detlef-Schulze, Wolfgang Scherzinger, Uwe Spangenberg, Georg Sperber, Wolf Spillner, Eckard Titz, Holm Wenzel, Werner Westhus und Jochen Wiesner.

Frau Faber, Daimler Benz Aerospace, danken wir für die Erlaubnis zum Abdruck des Ausschnitts einer Satellitenaufnahme (Landsat Data vom 04.08. 1994, Copyright ESA; distributed by Dornier Satellitensysteme GmbH).

Den Herren Ulrich Völkel und Frank Naumann vom RhinoVerlag gilt unser Dank für die gute verlegerische Betreuung und Ausstattung dieses Bandes.

Der Nationalparkverwaltung Hainich sind wir zu besonderem Dank verpflichtet.

Der Druck erfolgte mit Zuschüssen aus dem Programm LIFE der Europäischen Union.

Die Autoren

Anschriften der Autoren:

Dr. Siegfried Klaus, Edgar Reisinger: Thüringer Landesanstalt für Umwelt, Prüssingstraße 25, D-07745 Jena

Thomas Stephan, Wiener Weg 12, D-89597 Munderkingen / Donau

Rüdiger Biehl, Carolin Kropik: Nationalparkverwaltung Hainich, An der Marktkirche 9, D-99947 Bad Langensalza

IMPRESSUM

1. Auflage Dezember 1998
Satz: RhinoVerlag
Repro: CORAX COLOR Weimar
Druck: Druckhaus Gera GmbH
Gestaltung und Grafiken: Frank Naumann, AGD, BBK

RhinoVerlag, D-99310 Arnstadt/Thüringen
Plauesche Straße 8, Telefon / Fax 03628 – 60 33 45

ISBN 3-932081-05-6